KB138397

1일
1단어
1분으로 끝내는
경제공부

1일

1단어

1분 으로 끝내는

경제공부

태지원 지음

글담출판

머리말

"하루에 하나씩 읽다 보면

학교 시험은 물론 수능이나 논술에 필요한

경제적 배경 지식까지 쌓을 수 있어요"

중학교 사회 과목 중 경제 부분을 가르치던 때였습니다. 수요·공급 그래프를 칠판에 그려가며 열심히 수업을 하는 중이었는데, 한 학생이 질문을 던졌습니다.

"선생님, 그런데 이런 거 배워서 뭐해요? 수학 시간도 아닌데 그래프가 너무 많아요."

갑작스러운 질문에 당황한 나머지 별다른 말을 해주지 못했던 기억이 납니다. 학생들에게 경제학의 개념을 열심히 가르치기는 했지만, 정작 경제를 '왜' 배워야 하는지에 대해서는 자세히 설명해 주지 못했던 것이지요.

사회 교과의 여러 과목 중에서도 경제 과목을 특히 까다롭게 여기는 학생이 많습니다. 고등학교 경제 교과서의 내용을 아예 들여다보지 않는 학생도 보았지요. 교과서 속 딱딱한 설명, 수많은 표와 그래프 때문에 경제학의 내용을 이해하는 데 애를 먹는 학생도 여럿 있었고요.

그러나 깊이 생각해 보면 '경제'만큼 우리의 삶과 밀접하게 연결되어 있는 과목이 있을까요? 성인이 되면 누구나 일을 하며 돈을 벌고, 그 돈으로 소비와 저축을 하게 됩니다. 신문이나 뉴스 속 경제 기사에 관심을 기울이며 재테크에 힘쓰게 될 가능성도 높지요.

대학 입시나 수능 시험에서도 경제학은 무시할 수 없는 영역입니다. 대학수학능

력시험을 볼 때 사회탐구 과목으로 경제를 선택하는 학생 비율은 그리 높지 않습니다. 그러나 수능 국어 영역의 시험 문제를 자세히 살펴보세요. 고난이도 문제들은 많은 경우 경제 분야에서 출제됩니다. 경제적 배경 지식을 가지고 있다면 이 고난이도 문제들을 풀기 훨씬 수월해진다는 사실을 알 수 있습니다. 이뿐만 아니라 대입 논술에서도 경제성장과 삶의 질, 소득 불평등, 자유무역, 정부의 경제적 규제 등 경제학과 관련된 내용이 다수 출제됩니다. 대학에 진학한 후에도 문과 계열 전공을 가진 학생이 경제학과나 경영학과를 복수전공하거나 부전공하는 비율은 매우 높습니다. 경제학은 우리의 현실생활과 관련되어 있을 뿐 아니라 대학 입시, 대학에서의 전공 선택에서도 큰 영향을 끼치는 셈이지요.

이 책은 경제학의 키워드를 100일 동안 하루에 한 가지씩 부담 없이 공부할 수 있도록 쓰인 도서입니다. 중·고등학교 사회 및 경제 교과서에 등장하는 경제의 기본 개념뿐 아니라 논술에서 자주 다루는 개념, 최근 새롭게 대두되고 있는 경제학의 개념과 경제학자들의 이야기까지 폭넓게 담기 위해 노력했습니다. 키워드와 관련된 내용들을 하루에 하나씩 익혀 가다 보면 자연스럽게 학교 시험은 물론 수능 시험과 논술에 필요한 경제적 배경 지식까지 머리에 쌓일 것이라 생각합니다. 더불어 〈경제로 세상 읽기〉 코너에서는 경제에 관련된 쟁점 및 시사성 있는 내용들을 다루었습니다. 논술의 배경 지식을 쌓는 데에도, 신문의 경제면을 이해하는 데에도 도움이 되는 내용들입니다. 경제학의 개념들을 쉽게 이해할 수 있도록 부담스럽지 않은 분량으로 다양한 자료와 함께 엮었습니다. 독자들이 이 책을 읽고 난 후 경제를 '쉽고 재미있는 과목'으로 여기게 되길 바라는 마음입니다.

마지막으로 책의 집필을 응원해 준 가족들, 이 책을 기획하고 편집에 힘써 주신 글담출판사 편집부 여러분께 깊은 감사를 전합니다.

태지원

차 례

1장 경제개념

4장 경제학자

5장 경제제도

$

1장

경제개념

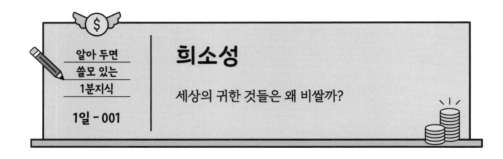

희소성

세상의 귀한 것들은 왜 비쌀까?

중세 유럽에서 후추가 금보다 비싸고 귀한 물건이었다는 사실을 알고 있나요? 지금처럼 냉장이나 냉동 기술이 발달하지 않았던 시대에는 고기를 조금만 보관해도 그 맛과 향이 떨어지는 일이 많았습니다. 이 문제점을 단칼에 해결해 준 것이 바로 후추였습니다. 후추를 조금만 뿌려도 고기의 맛과 냄새를 되살릴 수 있었거든요. 그러나 육류의 냉장과 냉동 기술이 발달하면서 후추의 필요성은 예전에 비해 크게 떨어졌습니다.

'검은 금'이라 불리던 중세 유럽 시대의 후추는 자원이 절대적으로 부족한 것이 아니라 인간의 욕망에 비해 상대적으로 그 양이 부족한 것이었습니다. 우리 주변에 존재하는 자원(돈, 시간, 재화 등)은 인간의 욕망을 모두 채우기에 턱없이 부족한 경우가 많습니다. 이처럼 인간의 끝없는 욕구에 비해 자원이 제한되어 있거나 부족한 상태를 '희소성'이라 부릅니다.

희소성과 비슷한 말로 희귀성이라는 말이 있습니다. 희소성은 인간의 욕망에 비해 자원이 상대적으로 부족한 상황을 말하지만 희귀성은 자원의 절대적인 숫자가 부족한 상황을 가리킵니다. 가령 1990년대에 쓰이던 핸드폰은 현재 그 숫자가 적어 희귀한 재화(물건)지만, 지금 원하는 사람이 적으니 희소하지는 않습니다. 반면 최신 스마트폰은 생산되는 수량이 많아 현재 희귀한 재화는 아닙니다. 그러나 사람들이 원하는 양에 비해서는 존재량이 부족하기에 희소성이 있습니다. 물론 희소하면서 희

자유재인 깨끗한 물(왼쪽)은 환경오염으로 생수(오른쪽)라는 경제재가 되었다.

귀한 재화도 있습니다. 레오나르도 다빈치Leonardo da Vinci나 김홍도 같은 유명 화가의 진짜 작품은 많은 사람이 원하는 동시에, 세상에 단 하나뿐인 희귀한 것들이라 비싼 값을 치러야 살 수 있습니다.

앞에서 이야기한 후추의 예처럼 재화(옷이나 음식, 컴퓨터 등 인간의 필요와 욕구를 만족시켜 주는 물건)의 희소성은 인간의 욕구가 기준이므로 시대와 장소에 따라 달라질 수 있습니다. 물론 세상의 재화 대부분은 희소성을 가지고 있어 그 가치만큼 돈을 주고 구매해야 합니다. 이를 경제재라 합니다. 햇빛이나 공기, 바닷물처럼 자원의 양이 풍부해 공짜로 얻을 수 있는 자원도 존재합니다. 이를 자유재 또는 무상재라 합니다. 그러나 과거에는 공짜였던 깨끗한 물이 환경오염 때문에 돈을 주고 사 먹어야 하는 생수가 되는 것처럼, 최근에는 무상재가 경제재로 변하는 일도 벌어집니다.

기회비용

세상에 공짜 점심이 존재하지 않는 까닭은?

20세기 초, 미국 동북부의 몇몇 술집이 파격적인 이벤트를 벌였습니다. 가게에서 술을 마시는 손님에게 공짜 점심을 제공한 것입니다. 손해를 볼 수도 있는 이런 행사를 가게는 왜 벌인 걸까요? 겉보기에는 술집이 손님들에게 통 큰 선심을 쓴 것처럼 보이지만, 사실은 공짜 점심을 먹기 위해 몰려든 손님들에게 비싼 술을 팔아 이득을 보겠다는 판매 전략이었습니다. 실질적으로 손님들은 공짜 점심의 대가로 그보다 많은 술값을 치른 셈입니다. "세상에 공짜 점심은 없다"는 유명한 말은 이렇게 탄생했습니다. 세상 모든 일에는 대가가 있음을 뜻하는 말로, 경제학의 대표적인 격언이 되었지요.

사람들은 매일 선택의 기로에 놓입니다. 우리는 하나를 택할 때 나머지 선택지를 동시에 포기하게 됩니다. 예를 들어 중국집에서 자장면을 선택하면 짬뽕을 먹을 기회를 포기하는 것이고, 영어와 수학 학원 중 영어 학원을 선택하면 수학 학원을 포기하는 것입니다. 경제학에서는 어떤 선택을 하면서 포기한 것 중 가장 큰 가치를 '기회비용'이라 부릅니다.

이 가치는 실질적인 비용(명시적 비용)은 물론 심리적인 만족감(암묵적 비용, 경제학에서는 어떤 상품이 주는 주관적인 만족도 역시 계산할 수 있는 금액으로 표현합니다.)도 포함합니다.

무료 영화 관람권이 생겨 극장에 갈 때를 생각해 볼까요? 만약 좋아하는 영화 장르가 '액션>코미디>공포 영화' 순이라면 만족감이 가장 큰 액션 영화를 선택할 것입

니다. 즉 코미디와 공포 영화를 포기
하는 셈입니다. 포기하는 두 장르의
영화 중 더 아쉬운 마음이 드는 쪽은
코미디 영화로, 액션 영화를 선택하
는 기회비용에 해당합니다. 관람권
이 생겨서 본 것이기에 영화값을 치
르지는 않았지만 보이지 않는 기회
비용(암묵적 비용)을 치른 셈이지요.

극장에서 어떤 영화를 볼지 선택하는 과정에서도 기회
비용은 발생한다.

　짬뽕을 먹을까 자장면을 먹을까
고민하다가 5,000원짜리 자장면을 먹었다면, 짬뽕을 먹을 때 느낄 수 있는 만족감을
포기하는 셈입니다. 이때 짬뽕이 줄 수 있는 만족감이 4,000원이라면 이 4,000원은
자장면을 선택하는 데 따르는 암묵적 비용입니다.

　경제학에서는 명시적 비용과 암묵적 비용을 모두 더해 기회비용을 구합니다. 그
렇다면 위의 예에서 자장면을 선택했을 때 포기하는 기회비용은 얼마일까요?

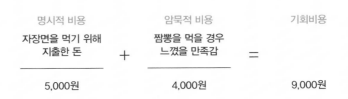

명시적 비용		암묵적 비용		기회비용
자장면을 먹기 위해 지출한 돈	+	짬뽕을 먹을 경우 느꼈을 만족감	=	
5,000원		4,000원		9,000원

　정답은 총 9,000원입니다. 이처럼 경제학에서의 기회비용은 눈에 보이는 비용과
보이지 않는 비용을 모두 포함해 계산합니다. 포기하는 것의 가치인 기회비용이 적
을수록 경제학에서 말하는 현명한 선택, 합리적 선택을 한 것입니다.

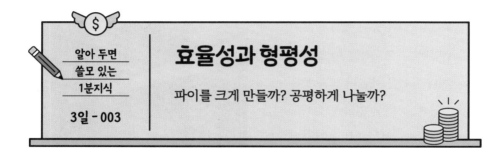

효율성과 형평성

파이를 크게 만들까? 공평하게 나눌까?

온 마을 사람들이 나눠 먹을 정도로 커다란 파이를 만드는 중이라고 생각해 봅시다. 누군가가 이야기합니다.

"만들어질 파이 크기가 모두 나눠 먹기에 충분하지 않아요! 더 큰 파이를 만들어야 해요."

누군가가 반대합니다.

"아니에요. 파이를 공평하게 똑같이 나누면 돼요. 그러면 누구도 불만을 갖지 않을 거예요."

파이를 더 크게 만드는 것이 우선일까요, 아니면 파이를 똑같이 나누는 것이 먼저일까요?

갑작스럽게 파이 이야기를 꺼낸 이유는 효율성과 형평성이라는 경제학에서의 중요한 선택 기준을 말하기 위해서입니다.

세상의 모든 자원은 인간의 욕망에 비해 그 양이 한정되어 있습니다. 그래서 무엇을 선택할 때는 다른 것을 포기해야 하지요. 무엇을 선택하고 무엇을 포기해야 하는지는 경제학에서 중요한 주제입니다. 기업이나 사회가 생산한 것을 어떤 방법으로 나눌지를 결정할 때도 같은 고민에 빠집니다. 기업이 생산해 얻은 이윤을 투자자에게 더 나눠 줄지 노동자의 임금으로 더 나눠 줄지, 정부가 세금으로 걷은 수입을 어떤 분야에 더 쓸지 결정하는 것도 모두 경제적 선택의 문제입니다.

경제적 선택의 문제를 해결하기 위해서는 두 가지 가치를 고려해야 합니다. 효율성과 형평성이 그것입니다. '효율성'은 적은 비용으로 최대의 효과를 낼 수 있도록 자원을 활용하는 원칙을 말합니다. 만약 정부가 1년 동안 쓸 예산을 짤 때 가장 적은 비용으로 큰 효과를 누릴 수 있는 분야에 집중적으로 돈을 쓴다면 효율성을 추구한다고 볼 수 있습니다.

정부는 형평성과 효율성 사이에서 균형을 조절하며 경제정책을 실시한다.

두 번째 기준은 형평성입니다. '형평성'은 모든 사람에게 공평하게 자원을 나눠야 한다는 원칙입니다. 국가가 취약계층을 대상으로 하는 지원금이나 무상급식에 예산을 편성했다면 이는 형평성을 추구한 정책으로 볼 수 있습니다. 사회가 만들어 낸 혜택을 여러 사람에게 두루 나누는 데 신경을 쓴 것이기 때문입니다.

효율성과 형평성은 '두 마리 토끼'에 비유하기도 합니다. 두 가지 기준을 모두 충족하며 경제문제를 해결하면 좋겠지만 현실적으로 어렵기 때문입니다. 대개 효율성을 추구하면 형평성을 잃기 쉽고 형평성을 좇다 보면 효율성을 놓치기 쉽습니다.

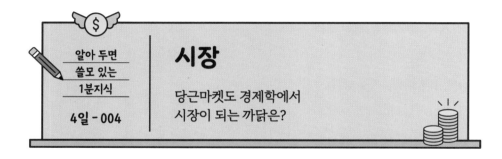

시장

당근마켓도 경제학에서
시장이 되는 까닭은?

당근마켓이라는 애플리케이션을 알고 있나요? 가까운 지역 사람들과 중고물품을 사거나 팔 수 있는 애플리케이션이지요. 소비자는 신상품보다 저렴하게 원하는 물건을 구할 수 있고, 판매자는 쓰지 않는 상품을 팔 수 있기에 많은 이가 당근마켓을 이용합니다. '마켓'이라는 이름에서 알 수 있듯 이 중고거래 애플리케이션은 스마트 폰 안에 있는 일종의 '시장'입니다.

보통 시장이라고 하면 재래시장이나 마트와 같은 구체적인 장소가 머릿속에 떠오르지만, 경제학에서 시장은 좀 더 넓은 의미를 가지고 있습니다. 경제학의 정의에 따르면 '시장'은 상품을 사고자 하는 사람(수요자)과 상품을 팔고자 하는 사람(공급자)이 만나 거래하는 장소나 관계를 일컫습니다. 당근마켓이나 온라인 쇼핑몰에는 상품을 올리는 판매자가 있고 상품을 사려는 구매자가 있습니다. 눈에 보이는 특정 장소는 없지만 시장에 해당되지요. 노동시장도 마찬가지입니다. 노동력을 사려는 수요자(사람을 구하는 기업체)가 있고, 반대로 이를 제공하는 공급자(직장을 구하려는 개인)가 있습니다. 이 같은 추상적 시장도 경제학에서는 시장으로 취급합니다. 슈퍼나 마트, 재래시장 뿐 아니라 부동산중개소, 증권거래소, 예금이나 외환 업무를 담당하는 은행 역시 모두 시장으로 봅니다.

시장은 공급자의 숫자가 얼마나 많고, 그들 사이의 경쟁이 얼마나 심한가에 따라 네 가지로 나눠 볼 수 있습니다. 같은 상품을 만들어 파는 공급자의 숫자가 무한

시장에는 재래시장처럼 눈에 보이는 시장도 있지만 온라인 쇼핑몰이나 주식시장처럼 추상적인 시장도 있다.

히 많은 완전경쟁시장, 하나의 공급자만 있는 독점시장, 2~3개의 소수 기업이 상품을 공급하는 과점시장, 여러 공급자가 각자 조금씩 다른 상품을 파는 독점적 경쟁시장이 있습니다. 공급자의 숫자가 적을수록 시장에서 공급자의 힘이 강해지고 숫자가 많을수록 그 힘은 약해집니다. 가령 인터넷 포털 구글은 전 세계 검색 사이트 중 점유율 92.54%로 검색 시장을 주도하고 있습니다. 이 경우 공급자인 구글이 유료 서비스의 가격을 마음대로 설정해 상품을 팔 수 있는 힘이 커집니다. 그러나 독점적 경쟁시장인 미용실은 비슷해 보이지만 가게마다 다른 서비스를 제공합니다. 파마나 커트를 전문으로 하는 곳도 있고, 아이들을 대상으로 하는 키즈 미용실도 있지요. 그래서 공급자가 마음대로 가격을 결정하지 않고 비슷한 서비스를 제공하는 미용실이나 소비자의 반응을 살펴보며 가격을 결정합니다.

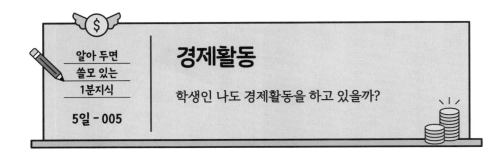
우리가 보내는 평범한 하루를 생각해 봅시다. 버스를 타고 학교에 가 수업을 듣고 분식점에서 떡볶이를 사 먹습니다. 좋아하는 가수의 음원을 구매하고 온라인 강의를 듣기도 하지요. 이 모든 활동이 경제라는 분야와 아무 상관 없어 보이지만, 사실 여러분은 매일 경제활동을 하고 있습니다. 어른들처럼 직장에 나가 일하고 월급을 받는 것만이 경제활동이 아닙니다. 우리가 일상에서 하는 행동 대부분이 경제활동과 관련이 깊습니다.

'경제활동'이란 무엇일까요? 인간이 살아가는 데 필요한 재화나 서비스의 생산에 참여하고, 소득을 분배받아 자신에게 필요한 재화나 서비스를 소비하는 모든 활동을 말합니다.

어른들이 직장에 나가 월급을 대가로 일을 하는 경우는 경제활동 중 생산활동에 속합니다. 노동이나 토지, 자본을 이용해 재화나 서비스를 만들어 내거나 그 가치를 키우는 활동을 말하지요. 만약 여러분이 편의점에서 아르바이트를 한다면 그 또한 서비스를 만들어 내는 생산활동을 하는 셈입니다. 학교나 학원에서 선생님이 수업을 하는 행위 역시 교육이라는 서비스를 제공하는 생산활동에 해당합니다.

노동력뿐 아니라 땅(토지)이나 돈(자본)을 투자해 가치를 만들어 낼 수도 있습니다. 땅이나 건물을 사람들에게 빌려주는 것, 주식 투자를 해 이익을 얻는 것, 기계를 임대하는 활동도 생산활동에 속하지요.

한편 생산활동을 하면 그 대가를 받습니다. 직장에서 일을 하거나, 연예인들이 공연을 하면 공연비를 받습니다. 이처럼 생산 과정에 참여하고 그 대가를 받는 것을 분배라고 합니다.

소비는 욕구를 충족시키기 위해 돈을 내고 재화와 서비스를 구입하는 활동입니다. 우리는 소비를 통해 만족감을 얻습니다. 인터

강사가 온라인 강의를 하는 것은 생산에 해당하고, 공연 관람, 강의 수강은 소비에 해당한다.

넷 쇼핑몰에서 물건을 사는 행위, 인터넷 강의를 수강하는 것, 좋아하는 가수의 공연을 보는 행위를 통해 만족감을 얻고, 만족의 대가로 돈을 지불합니다. 이것이 소비 행위입니다.

비슷해 보이는 행동이 그 목적에 따라 생산과 소비로 달라지기도 합니다. 예를 들어 집에서 빵을 만들어 먹기 위해 슈퍼에서 밀가루를 샀다면 이는 소비에 해당합니다. 이와 달리 제과점 주인이 빵을 만들어 팔기 위해 밀가루를 구입했다면 판매를 목적으로 한 행동이므로 생산에 해당하지요.

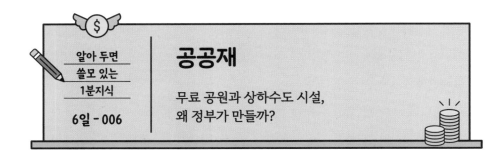

알아 두면
쓸모 있는
1분지식

6일 - 006

공공재

무료 공원과 상하수도 시설,
왜 정부가 만들까?

"우리는 햇빛이 전혀 들지 않는 좁고 답답한 뒷골목으로 안내되었다. 악취를 풍기는 하수구 옆을 지나는데 밝은 불빛 아래서 물은 진한 녹차 색으로 보였다. 사실 그 물은 진흙 섞인 물이라기보다는 물기 있는 진흙에 가까웠는데, 이것이 그 비참한 사람들이 마시는 유일한 물이라고 했다. 경악하며 웅덩이를 바라보다가 우리는 배수관과 하수도가 더러운 내용물을 웅덩이로 쏟아내는 걸 보았다."

1854년 헨리 메이휴Henry Mayhew라는 저널리스트가 쓴 『런던 사람들의 노동과 빈곤London Labor and London Poor』이라는 책의 일부 내용입니다. 당시 산업혁명으로 공장이 많이 세워진 런던에는 인구가 몰려들었습니다. 늘어난 인구와 공장으로 오수와 폐수가 늘어났지만, 더러운 물을 정화하는 하수도 시설이 없었기 때문에 오염된 물은 강에 흘러 들어갔고, 사람들은 악취 나는 그 물을 그대로 마시고 사용했습니다.

산업혁명으로 경제가 번영하던 영국. 그런데 왜 하수 정화시설이 없었을까요? 상·하수도 시설이나 무료 공원, 국방이나 치안, 기본 교육, 도로 등은 시민들에게 꼭 필요한 서비스 및 시설이지만 이것을 일반 기업이나 개인이 만들기는 어렵습니다. 공공재이기 때문입니다. '공공재'는 생산되면 사회 구성원 누구나 대가를 치르지 않고도 소비의 혜택을 누릴 수 있는 재화나 서비스를 말합니다.

무료 도로와 무료 공원은 시민들에게 반드시 필요한 시설이지만, 경제적 이윤이 남지 않아 정부가 제공하는 공공재다.

　하수도 시설은 일단 도시에 만들어지면 소비자들이 대가 없이 사용할 수 있습니다. 이처럼 돈을 내지 않은 사람을 재화나 서비스의 소비에서 제외시킬 수 없는 속성을 비배제성比排除性이라 합니다. 또한 하수도 시설은 누군가가 먼저 이용한다고 해서 다른 사람의 이용이 제한되지 않는 비경합성比競合性을 가집니다. 누군가 쓴다고 해서 소비 기회가 줄어들지 않는 공공재는 소비자 간에 경쟁이 불필요하지요.

　비배제성과 비경합성을 동시에 가지는 공공재는 기업이 만들어 파는 상품(사적 재화)과는 정반대의 특성을 가집니다. 사적 재화는 기업 입장에서 이윤을 남길 수 있으니 시장에 생산을 맡겨도 큰 문제가 없습니다. 반면 공공재는 시민의 생활을 위해 꼭 필요하지만, 시장에 생산을 맡겨 두었다가는 부족해지거나 아예 만들어지지 않으니 국가나 정부가 나서야 합니다. 앞서 영국 역시 강의 오염문제가 심각해지자 국가가 나서서 하수도 시설을 만들었습니다. 이처럼 국가는 국민으로부터 세금을 걷어 국방이나 치안 등의 서비스나 항만, 도로, 공원 등의 공공재를 만들어 시민들에게 제공합니다.

대체재와 보완재

"꿩 대신 닭"과 '치맥'에 얽힌 비밀은?

민족의 명절 설날. 우리의 옛 조상도 지금의 우리처럼 떡국을 먹었습니다. 한 가지 다른 점이 있다면 떡국에 꿩고기를 꼭 넣어 끓여 먹었다고 합니다. 생김새가 예쁘고 꿩고기의 맛도 좋았기 때문이지만, 꿩이 좋은 징조를 나타내는 새였기 때문입니다. 당시 사람들은 농기(農旗, 마을을 상징하는 기) 꼭대기에 꿩의 깃털을 꽂았을 정도로 길조로 여겼습니다. 그렇지만 구하기 어려워 꿩 대신 집에서 기르기 쉬운 닭을 잡아 떡국을 끓이곤 했지요. 여기서 "꿩 대신 닭"이라는 속담이 비롯되었습니다.

속담 속 꿩고기와 닭고기의 예처럼 만족도나 용도가 비슷해 서로 대체해서 쓸 수 있는 재화를 경제학에서는 '대체재'라고 합니다. 버터와 마가린, 사이다와 콜라, 밥과 빵 등 대체재 관계에 있는 재화를 주변에서 흔히 찾아볼 수 있습니다.

현재에도 닭고기는 우리에게 매우 친숙한 음식입니다. 특히 치킨은 전 국민의 사랑을 받고 있죠. 치맥이라는 말이 생겨날 정도로, 치킨을 먹을 때면 맥주를 곁들이는 경우가 많은데요. 이처럼 함께 소비하면 만족도가 올라가는 관계의 재화를 '보완재'라고 합니다. 피자와 콜라, 커피와 설탕, 연필과 지우개, 자동차와 휘발유 등이 보완재의 예에 해당합니다.

대체재와 보완재에 속하는 재화는 서로 밀접한 관계에 있다 보니 한 상품의 가격이 변하면 나머지 재화의 인기나 수요 변화에 영향을 미치기도 합니다. 만약 버터 가격이 올라가면 비싼 가격에 부담을 느낀 소비자들은 버터 대신 마가린을 삽니다. 즉

폴라로이드 카메라와 필름은 보완재 관계다.

대체 관계에 있는 재화는 한 상품의 가격이 올라가면 상대적으로 저렴하게 느껴지는 다른 상품의 인기가 올라갑니다. 덕분에 다른 한쪽의 수요가 늘어납니다.

반대로 보완 관계에 있는 재화는 한 상품의 가격이 올라가 인기가 떨어지면 다른 상품의 수요 역시 떨어지는 효과가 나옵니다. 치킨의 가격이 올라가면 사람들은 이를 덜 사 먹게 되고, 치킨과 함께 먹던 맥주의 수요 역시 줄어들지요.

기업은 가끔 대체재나 보완재의 관계를 이용해 상품 판매의 이익을 늘리는 전략을 쓰기도 합니다. 촬영 뒤 몇 분 안에 인화된 사진을 얻을 수 있는 폴라로이드 카메라는 가격이 비교적 저렴한 편입니다. 그 대신 그 회사에서 만들어 낸 필름만 사용할 수 있는데요. 카메라 가격이 낮아도 필름을 많이 팔 수 있으니 기업 입장에서는 이득인 셈입니다. 이는 폴라로이드 카메라와 필름 사이의 보완 관계를 이용한 판매 전략입니다.

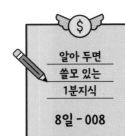

정상재와 열등재

주머니 사정이 좋아질 때,
사람들이 가장 먼저 하는 일은?

　　원래 한 달 용돈이 5만 원이던 경필이는 편의점에서 종종 1,000원짜리 삼각김밥을 사 먹었습니다. 맛도 있었지만 가격이 저렴했거든요. 그런데 지난달부터 용돈이 한 달에 7만 원으로 올라 조금 더 비싼 2,000원짜리 샌드위치를 사 먹기 시작했습니다. 용돈도 올랐는데, 이 정도 소비는 나를 위해 쓰자 생각했습니다.

　　경필이처럼 대개 사람들은 소득이 높아지면 원래 사던 상품 대신 더 비싼 것을 찾게 됩니다. 삼겹살 대신 비싼 스테이크를 먹는다거나, 방 한 칸짜리 집에서 방이 많고 넓은 집으로 이사를 가는 것이 그 예지요.

　　이처럼 소득이 늘어나면 수요가 증가하고, 반대로 소득이 줄어들면 수요가 감소하는 재화나 서비스를 '정상재'라 합니다. 이와 대조적으로 소득이 증가하면 수요가 감소하고, 소득이 감소하면 수요가 증가하는 재화나 서비스도 있습니다. 이를 '열등재'라고 합니다. 가령 어떤 사람이 소득이 증가할 때 돼지고기 대신 소고기를 많이 사 먹고 대중교통 대신에 자가용을 타고 다닌다면, 이 경우 돼지고기와 대중교통은 열등재, 소고기와 자가용은 정상재에 해당합니다.

　　간단한 예를 들어 정상재와 열등재의 개념을 설명했지만, '돼지고기는 열등재, 소고기는 정상재'라는 식으로 외워서는 곤란합니다. 어떤 재화를 정상재와 열등재로 특정할 수 없기 때문입니다. 이를테면 어떤 사람은 소득이 늘어도 돼지고기를 좋아해서 소고기 대신 돼지고기를 더 많이 사 먹을 수 있습니다. 또 1950~1960년대 우리

어떤 사람의 소득이 늘어나면서 대중교통 사용을 줄이고 자가용 이용을 늘린다면 이 경우 대중교통은 열등재, 자동차는 정상재에 해당한다.

나라에서 보리 같은 잡곡밥은 주로 저소득층이 먹던 열등재였습니다. 당시 소득이 늘어난 사람들은 보리밥 대신 흰쌀밥을 먹었지요. 그러나 최근에는 소득이 증가할수록 잡곡밥을 선호하는 경향이 있습니다. 이처럼 소비자의 소득 수준뿐 아니라 개인의 취향, 시대 상황에 따라 정상재와 열등재의 사례는 달라질 수 있습니다.

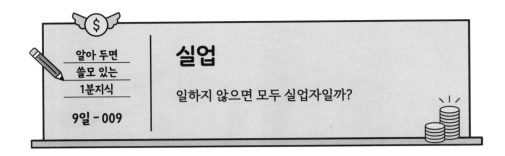

실업

일하지 않으면 모두 실업자일까?

19세기 초 영국 중부와 북부 지역. 한 무리의 노동자들이 공장에 침입해 그 안에 있는 기계를 공구로 때려 부수기 시작했습니다. 노동자들은 왜 기계를 없애는 과격한 행동을 했을까요?

산업혁명 당시 영국 섬유 산업계에서는 방직기나 방적기 등의 기계가 사람의 일을 대신하기 시작했습니다. 원래 숙련된 기술로 꽤 높은 임금을 받던 노동자들은 순식간에 일자리를 잃었지요. 기계를 조작해 상품을 만드는 일은 누구나 쉽게 할 수 있기 때문에 기업가들은 낮은 임금으로 미성년자나 여성을 고용했습니다. 이에 직업을 잃은 노동자들이 불리한 노동환경에 항의하는 뜻으로 기계파괴 운동 러다이트 운동, Luddite Movement을 벌인 것입니다.

극심한 실업 상태는 이처럼 사회운동을 이끌어 내기도 합니다. '실업'이란 일할 의사와 능력이 있는데도 일자리가 없는 상태를 말합니다. 여기에서 중요한 것은 '일할 의사'와 '일할 능력'이라는 조건입니다. 이를테면 너무 어려서 일할 능력이 없는 초등학생은 실업자로 보지 않습니다. 실업자의 기준이 되는 나이는 보통 만 15세부터입니다. 15세 이상이더라도 학교에 다닌다면 일할 생각이 없는 것으로 간주해 실업 상태로 보지 않습니다.

실업이 모두 부정적인 상황은 아닙니다. 본인이 원해서 직업을 그만둔 경우도 있는데 이를 자발적 실업이라고 하지요. 많은 사람이 보수나 근무환경, 적성 등이 맞지 않아 원래의 직장을 그만두고 다른 직업과 직장을 찾아 나섭니다. 자발적 실업은 스스로 직장을 그만둔 것이고 실업 기간도 짧으니 큰 경제문제가 되지 않습니다.

산업혁명 당시 러다이트 운동의 모습

문제는 일할 의사가 있고, 일할 능력이 있는데도 생기는 비자발적 실업입니다. 1998년 우리나라는 IMF 경제 위기를 맞이했습니다. 1월 한 달 동안에만 무려 27만 명의 실업자가 생겨났습니다. 어려운 경기로 인해 생겨난 실업인 경기적 실업은 정부가 공공 사업을 실시하는 등 일자리를 늘려 해결하는 경우가 많습니다.

러다이트 운동이 일어난 산업혁명 시기처럼 새로운 기술의 발달로 예전에 있던 어떤 기술이나 직업이 필요 없어지거나 특정한 산업이 쇠퇴하면서 대량 실업이 만들어지기도 합니다. 이를 구조적 실업이라 하는데, 최근 들어 무인 기계의 발달로 은행이나 가게에서 일하는 인력이 줄어 실업이 발생하는 경우도 이에 해당합니다. 이 경우 실업자들에게 새로운 직업에 대한 정보를 알려 줄 필요가 있지요.

어떤 직업은 특정한 계절에만 일을 하고, 나머지 계절에는 실업자가 되기도 합니다. 이를 계절적 실업이라고 합니다. 농부도 계절적 실업자가 될 수 있습니다. 옛날에는 가을에 추수를 마치고 농부들이 겨울철에 할 일이 없어 실업자가 되기도 했지요. 이를 줄이기 위해 정부는 근로자들이 쉬는 계절에 할 수 있는 직업을 소개해 주거나 공공근로에 동원하기도 합니다.

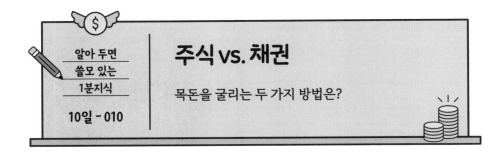

주식 vs. 채권

목돈을 굴리는 두 가지 방법은?

드라마 〈응답하라 1988〉에는 바둑 기사 최택의 아버지가 아들의 바둑대회 우승상금 5,000만 원을 어디에 투자할지 고민하는 장면이 나옵니다. 이웃들은 그에게 땅이나 강남의 아파트를 사라고 권하기도 하고, 15%의 정기예금에 돈을 넣으라고 조언하기도 합니다. 어디에 돈을 투자하느냐에 따라 그 사람의 미래가 달라질 수 있다고 이야기하는 장면이 인상적이지요.

만약 여러분이 성인이 된 후 일을 해 소득을 얻는다면 어떤 방법으로 재테크를 하고 싶은가요? 드라마 속 대사처럼 1980년대에는 은행 이자율이 평균 10%를 웃돌 때가 많았습니다. 은행에 100만 원을 넣어 놓으면 1년 후 10만 원 정도의 이자가 붙는 것이 일반적이었지요. 그래서 당시 많은 사람이 높은 금리를 보장하고 안정적인 예금에 돈을 맡겼습니다.

은행 금리가 1~2%로 낮아진 지금은 사람들의 투자 수단이 많이 바뀌었습니다. 이제 은행 예금보다 주식이나 채권 투자 등을 하며 돈을 불리려는 사람이 많아졌습니다. 주식과 채권은 모두 증권이라는 증서에 해당합니다. 기업이나 공공기관, 기업이 경영을 하려면 많은 자금이 필요한데, 은행에서 빌릴 수도 있지만 증권이라는 것을 찍어 내 구하기도 합니다. 증권을 사면 투자자들 역시 회사에 대한 일정한 권리를 갖고 나중에 이를 통해 수익을 올릴 수 있으니 이익이 됩니다.

기업이나 공공기관이 찍어 내는 증권 중 하나인 '주식'은 기업이 사업 자금을 끌

뉴욕 증권가의 모습

어들이기 위해 발행하는 증서입니다. 즉 회사 소유권의 일부를 투자자에게 준다는 증표입니다. 주식 투자를 통해 투자자는 두 가지 종류의 이익을 얻을 수 있습니다. 배당금과 시세차익입니다. 배당금은 회사가 얻은 수익 가운데 일부를 투자자에게 나눠 주는 것입니다. 시세차익은 주식 가격이 쌀 때 사서 비쌀 때 팔아 이득을 보는 것입니다. 물론 반대로 주식 가격이 구매했을 때보다 떨어져 원금까지 손해 볼 가능성도 있습니다.

그렇다면 채권은 무엇일까요? '채권'은 정부나 공공단체, 기업이 일반인에게서 상대적으로 많은 투자 비용을 한번에 끌어 쓰기 위해 갚을 기간을 정해 놓고 발행하는 증서입니다. 채권은 주식과 달리 어차피 갚는 기간과 갚는 돈의 금액이 정해져 있으므로 나중에 팔면 미리 정해진 이자를 챙길 수 있습니다. 물론 그 전에 가격이 오르면 팔아서 시세차익을 볼 수 있지요. 정부나 공공기관이 발행하는 데다 미리 이자가 정해져 있어 주식에 비해서는 안정적으로 수익을 챙길 수 있습니다. 그렇지만 주식만큼 값이 급격히 오르거나 내리지 않기에, 수익은 상대적으로 적은 편입니다.

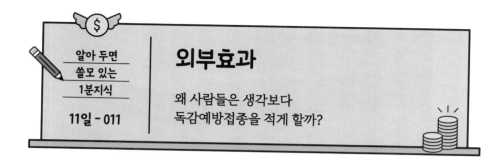

외부효과

왜 사람들은 생각보다
독감예방접종을 적게 할까?

코로나바이러스감염증-19(이후 코로나19로 약칭) 초기, 방역 수칙을 어긴 채 돌아다닌 몇몇 확진자의 행동이 언론을 통해 밝혀진 적이 있습니다. 감염될 수 있는 지역에 다녀와 놓고도 이를 밝히지 않거나, 방역 당국에 자신이 이동한 장소를 제대로 밝히지 않은 소수의 확진자가 있었지요. 일부러 다른 사람에게 피해를 주려고 의도한 것은 아니었습니다. 그러나 결과적으로 소수의 무분별한 행동은 지역사회 감염을 엄청나게 확산시키는 피해를 가져왔습니다. 그렇다고 해서 이들이 다른 감염자들의 치료 금액이나 사회적 피해를 보상하는 것도 아니었지요.

이런 현상을 외부효과라는 개념으로 설명할 수 있습니다. '외부효과'는 누군가의 행동이 제3자에게 의도하지 않은 혜택이나 손해를 입히지만 이에 대한 대가를 주고받지 않는 것을 말합니다. 앞의 예와 같이 제3자에게 의도하지 않은 손해를 입히는 부정적 외부효과(외부불경제)도 있지만, 혜택을 주는 긍정적 외부효과(외부경제)도 존재합니다.

긍정적 외부효과의 대표적인 예로 독감 예방접종을 들 수 있습니다. 백신을 맞으면 내가 독감에 걸릴 가능성도 줄어들지만 다른 사람에게 독감을 옮길 가능성 역시 줄어듭니다. 더 많은 사람이 백신을 맞으면 좋겠지만, 접종 주사를 맞는다고 해서 '다른 사람이 독감에 감염될 위험을 줄여 주는' 대가를 받는 것은 아니므로 긍정적 외부효과는 사회적으로 꼭 필요한 양보다 적게 생산되거나 소비됩니다.

공장의 생산활동에 따른 대기오염은 부정적 외부효과에 해당한다. ⓒCEphoto, Vwe Aranas

반대로 소음공해, 길거리 흡연, 공해물질 배출 등 의도하지 않은 피해를 타인에게 입히는 부정적 외부효과도 있습니다. 가령 공장에서 오염물질을 배출하면 폐수 때문에 주변에 있는 주민들의 건강이 악화되고 치료비를 감당해야 하는 피해를 입습니다. 그러나 공장에서 아무런 보상도 하지 않는 경우가 많지요. 이 때문에 부정적 외부효과는 사회적으로 적정한 양보다 많이 만들어지거나 소비되는 특징이 있습니다.

외부효과는 돈을 주고받으며 거래하는 일이 아니기에 사회적으로 꼭 필요한 만큼 이루어지지 않고, 시장의 '보이지 않는 손'으로도 해결되지 않습니다. 즉 외부효과는 시장이 제 일을 다 하지 못하는 시장실패의 원인이 됩니다. 이때 발 벗고 나서는 건 정부입니다. 정부는 긍정적 외부효과는 늘리고 부정적 외부효과를 줄이기 위해 노력합니다. 예를 들어 백신 접종이나 과학 연구 등 긍정적 외부효과는 보조금을 지급해 더 많은 사람이 생산과 소비를 하도록 부추깁니다. 반대로 부정적 외부효과는 사회적으로 적게 생산되고 소비되도록 세금이나 벌금을 물립니다.

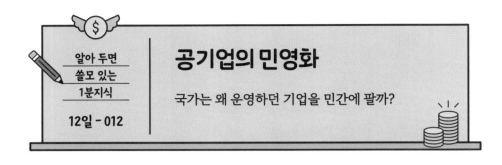

공기업의 민영화

국가는 왜 운영하던 기업을 민간에 팔까?

영국 철도는 유럽에서도 요금이 비싸기로 유명합니다. 게다가 매년 해가 바뀔 때마다 요금이 꾸준히 올라 2019년에는 이에 항의해 시민들이 SNS에 '#철도혁명'이라는 해시태그를 달며 집단행동을 하기도 했습니다. 시민들은 높은 요금에 비해 상대적으로 낮은 서비스의 질을 지적하기도 했지요. 실제로 영국 철도는 2018년 기준 일곱 대 중 한 대꼴로 연착되었고 사고도 잦았습니다. 왜 이런 일이 심심치 않게 벌어지는 걸까요?

원래 1994년 이전까지 영국 철도는 우리나라와 마찬가지로 국가가 만든 공기업이 운영하고 있었습니다. 공기업은 정부나 지방자치단체 등 공공기관이 운영하는 기업입니다. 주로 전기나 수도, 철도, 주택, 항공, 가스 등 국민 생활에 꼭 필요하지만 민간기업이 운영하기에는 규모가 크고 공공성이 큰 상품을 만드는 기업이지요.

공기업은 시민의 생활에 꼭 필요한 상품을 제공하지만 경영이 비효율적이라는 비판도 받습니다. 일부 공기업에서는 직원들의 연봉을 필요 이상으로 높게 책정하거나, 경쟁 상대가 없어 서비스나 상품의 품질이 낮아지는 일도 생기지요. 경쟁력이 중요한 민간기업이라면 허리띠를 졸라매 운영했겠지만, 공기업은 적자가 나도 국가에서 이를 메꿔 주니 문제라는 말이 나왔습니다. 특히 1980년대 이후부터 시장에 대한 국가의 간섭을 줄이자는 신자유주의라는 흐름이 유행하며 공기업을 민영화해야 한다는 의견이 우세해졌습니다.

사고가 잦은 영국 철도. 2021년 10월 영국 솔즈베리 인근에서 열차 두 대가 충돌하는 사고가 발생했다.

'공기업의 민영화'란 공기업을 개인이나 특정 기업에 팔아, 사기업私企業으로 바꾸는 것을 말합니다. 우리나라의 경우 '한국통신'이라는 공기업이 민영화되어 현재의 KT로, 담배와 인삼을 파는 한국담배인삼공사가 KT&G라는 사기업으로 변신했습니다.

공기업이 민영화되면 치열한 경쟁을 통해 살아남기 위해 노력하면서 회사의 운영이 효율적으로 바뀌기도 합니다. 반대로 민영화의 부작용이 나타나는 경우도 있습니다. 앞서 이야기한 영국 철도가 대표적입니다. 1994년의 민영화 이후 영국의 장거리철도 요금은 15년간 두 배 이상 가격이 올라 영국인들의 원성을 샀습니다. 철도나 수도, 전기 등 국민 생활에 꼭 필요한 상품과 서비스를 다루는 만큼 공기업의 민영화는 신중하게 이루어져야 합니다.

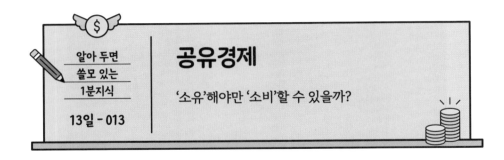

공유경제

'소유'해야만 '소비'할 수 있을까?

서울특별시에서 운영하는 무인 공공자전거 대여 서비스 따릉이. 1,000원을 내면 자전거를 빌려 한 시간 동안 사용할 수 있습니다. 저렴한 가격에 자전거가 필요할 때 빌려 쓰고 돌려줄 수 있다는 점이 매력적입니다. 자전거뿐만 아니라, 집에 남는 방이나 주방, 사무실, 승용차까지, 여러 명이 함께 나누어 쓸 수 있는 시대가 활짝 열렸습니다.

이처럼 물건이나 장소 등을 소유하는 것이 아니라 서로 빌려 쓰고 나눠 쓰는 산업 활동을 '공유경제'라고 합니다. 사람들 간의 협동과 나눔을 바탕으로 하여 경제적 이익뿐 아니라 사회적 가치를 추구할 수 있는 경제활동입니다.

공유경제는 2008년 로런스 레시그Lawrence Lessig 경제학자가 처음 사용한 개념입니다. 인터넷이나 SNS의 발달이 공유경제의 발달에 중요한 역할을 했습니다. 누구나 필요할 때 공유할 상품을 인터넷 공간에 올리거나 빌려 쓸 상품을 찾을 수 있게 되었기 때문입니다. 1인 가구가 늘어나고 합리적 소비가 중요시되면서 소비의 방식이 '소유'에서 '공유'로 바뀐 점도 공유경제 발전에 큰 몫을 하고 있습니다.

공유경제를 널리 알린 기업은 미국의 차량 공유 서비스 우버Uber와 숙박 공유 서비스 에어비앤비Airbnb입니다. 이 기업들은 전 세계의 고객을 확보하면서 몸집을 키웠습니다. 전 세계 공유경제 시장은 기업의 매출 기준으로 2017년 186억 달러에서 2022년 402억 달러로 확대될 것으로 예상됩니다.

서울시 자전거 대여 서비스 따릉이 ©Youngjin

코로나19 때문에 공유경제가 주춤할 것이라는 전망도 있습니다. 전파력이 강한 바이러스 때문에 타인이 사용한 공간이나 차량, 물건을 쓰는 데 거부감을 느끼는 사람이 늘었기 때문입니다. 실제 에어비앤비나 우버 등의 2020년 실적은 크게 줄어들었습니다. 그러나 한편으로는 코로나 시대에 더욱 급부상한 공유경제 분야도 있습니다. 비대면 배달 서비스가 늘어나면서 수요가 증가한 공유 주방, 공유 오피스, 대중교통 대신 이용할 수 있는 자전거나 킥보드의 공유 등이 그 예입니다.

경제개발 vs. 환경보호,
합리적 선택은 무엇일까?
_환경오염과 합리적 선택

2020년 3월, 인도 동북부의 한 해변에 놀라운 일이 벌어졌다. 몇 년간 사라졌던 올리브 바다거북 80만 마리가 몇 년 만에 돌아온 것이다. 원래 이곳은 바다거북이 알을 낳으려 찾아오는 장소였지만, 관광객들이 많이 몰려오며 해변이 오염되는 바람에 바다거북이 사라진 상태였다. 인도에서만 벌어진 일이 아니다. 비슷한 시기에 콜롬비아의 카르타헤나 만에도 돌고래 출현이 늘었다. 이 지역을 지나던 선박이 줄어들고 관광객의 발길이 끊기자 벌어진 일이었다.

이 놀라운 현상의 배경에는 코로나19의 유행이 있었다. 전염병이 돌며 전 세계 인류가 밖에서 활동하기 어려워졌다. 기업의 상품 생산이나 나라 간 무역, 여행이나 관광이 모두 힘들어졌다. 인간에게는 불행한 일이었지만 덕분에 자연 환경이 일시적으로 되살아나는 기적이 일어났다.

코로나19로 인한 환경오염의 감소는 중요한 사실을 알려 준다. 사람들의 경제활동은 물질적 풍요라는 이득을 불러왔지만, '깨끗한 환경과 생태계'라는 기회비용을 치러 왔다는 사실이다. 가령 '지구의 허파'라 불리는 아마존 근처의 열대우림은 농업과 벌목, 광산 개발 목적으로 2019~20년까지 2년간 1만 7604km²만큼 사라졌다. 서울시의 30배에 이르는 면적이다. 인류는 경제적 이득을 얻기 위해 전 세계 생물종의

아마존 열대우림. 경제개발과 불법 벌목 등으로 최근 2년간 이곳에서 서울시의 30배에 이르는 면적의 숲이 사라졌다.

3분의 1이 서식하고 있는 아마존 열대우림의 생태계를 포기하고 있는 셈이다.

경제개발을 멈춰야 생태계가 살아나고 깨끗한 환경이 돌아올 수 있다는 사실은 명확하다. 환경오염과 생태계 파괴는 장기적으로 보면 생태계 속에서 살아가는 인류의 생존도 위협한다. 그럼에도 불구하고 선택은 간단하지 않다. 환경보호에 눈을 돌릴 정도로 여유로운 선진국도 있지만, 경제 성장을 멈추면 생존의 위협을 받는 나라도 많기 때문이다. 개발도상국의 입장에서 보면 경제개발이 환경보호보다 중요한 선택지가 되는 경우가 많다. 개발도상국은 지금의 환경 문제는 과거 선진국의 경제개발 때문에 생긴 것이니 그에 맞는 책임을 져야 한다고 주장한다. 반면, 선진국은 현재 개발도상국의 개발 때문에 기후변화 문제가 심각하게 나빠지고 있으니 똑같이 책임을 져야 한다는 논리를 편다. 선진국과 개발도상국 사이의 입장 차이를 좁혀가야 환경오염과 경제개발 사이의 적절한 답을 찾을 수 있다.

공유경제 세상에서는
모두 행복할까?
_공유경제의 빛과 그림자

미국 샌프란시스코에 살던 개릿 캠프Garrett M. Camp와 트래비스 캘러닉Travis Cordell Kalanick. 평소 택시를 부를 때마다 불편함을 느꼈던 두 사람은 이 문제를 개선할 아이디어를 내 2009년부터 사업을 시작한다. 스마트폰 앱을 통해 고급 리무진을 호출해 이용할 수 있는 서비스를 제공한 것이다. 몇 년 후 그들의 회사는 일반인이 자신의 차로 승객을 실어 나르며 돈을 벌 수 있는 차량 공유 시스템으로 그 모습을 바꾼다. 서비스는 큰 인기를 끌었고, 10년 만에 최대 80개 나라에 진출하며 고객 1억 명을 유치한 기업이 된다. 세계 최대의 차량 공유 플랫폼 기업, 우버의 이야기다. 우버는 숙박 서비스를 중개하는 에어비앤비와 함께 공유경제를 이끄는 대표적 기업이 되었다.

공유경제의 발달은 많은 이들에게 편리함과 이득을 안겨 주었다. 사용하지 않는 물건을 빌려주는 소유자들은 새로운 일자리와 수입을 얻을 수 있다. 물건을 빌려 쓰는 사용자들은 질 좋은 상품을 필요한 기간만큼 저렴한 가격에 이용할 수 있다. 더불어 생산된 자원을 한 번 더 이용할 수 있어 자원 절약이나 환경보호에도 도움이 된다.

공유경제의 발달이 모든 이에게 행복을 안겨 주었을까? 그렇지는 않다. 우버 서비스나 에어비앤비 서비스가 인기를 끌수록 택시기사들, 호텔이나 여관을 운영하는 숙박업자들은 수입에 큰 타격을 입게 된다. 이 때문에 공유경제 기업이 진출할 때마다 기존의 사업자들은 반대의 목소리를 높인다.

공유경제가 노동자들에게 악영향을 미치고, 몇몇 기업의 배만 불린다는 지적도 나온다. 에어비앤비나 우버는 일할 사람을 제대로 고용할 필요가 없다. 앱으로 사용자와 소

부다페스트에서 택시 기사들이 우버 서비스에 항의하며 벌인 시위 모습

유자 사이를 중개만 하면 되기 때문이다. 공유경제가 발달할수록 집이나 차량 없이 자신의 노동력만으로 일하던 근로자들은 제대로 된 일자리가 없는 상황으로 내몰린다. 이러한 과정 속에 가장 많은 돈을 벌어들이며 배를 불려 가는 건 공유경제 플랫폼 회사들이다.

공유경제의 등장은 오래되지 않았다. 그래서 불안정한 상태에 놓이게 된 기존의 사업자들, 노동자들에 대한 대비책이 부족한 편이다. 각국 정부가 공유경제 플랫폼 회사에 제대로 책임을 지우고, 관련 법이나 제도를 철저히 정비해야 한다는 목소리가 커지고 있다.

2장

경제현상

알아 두면
쓸모 있는
1분지식

14일 - 014

밴드왜건 효과

왜 상품 판매에 SNS 입소문이 중요할까?

대통령 선거가 있던 1848년 미국, 재커리 테일러Zachary Taylor라는 후보가 있었습니다. 효과적인 선거 유세 방법을 고민하고 있던 그에게 열성 팬이었던 서커스 광대 댄 라이스Dan Rice가 훌륭한 아이디어를 냅니다. 서커스 행렬 맨 앞에서 신나는 연주를 하며 사람들의 관심을 끄는 밴드왜건(악대차)을 유세에 이용하자고 제안한 것이지요. 그의 의견대로 악대차에 테일러를 태우고 요란한 연주로 시선을 끌자, 사람들은 별다른 생각 없이 뒤를 졸졸 따라오며 선거 유세를 들었습니다. 성공적인 홍보로 테일러는 선거에서 승리해 대통령의 자리에 오를 수 있었습니다.

이것이 19세기 미국에서만 통하는 일일까요? 21세기를 사는 우리도 악대차를 졸졸 따라가듯 별다른 생각 없이 다수를 따라 행동할 때가 많습니다. 상품을 살 때도 마찬가지입니다. "친구 따라 강남 간다"는 속담처럼, 큰 고민 없이 남들이 사는 상품을 따라 사는 경우가 많습니다. 이처럼 소비자가 자신의 취향이나 주관 없이 다른 사람의 행동이나 유행을 좇아 상품을 사는 현상을 '밴드왜건 효과band wagon effect'라고 합니다. 타인을 따라 함으로써 이뤄지는 소비를 악대차를 따라가는 현상에 비유한 것이지요. 우리말로는 모방소비, 또는 '남이 타고 가는 차를 편하게 얻어 탄다'는 뜻의 편승효과便乘效果라 부르기도 합니다.

'허니버터칩 대란'을 기억하나요? 당시 짭짜름한 맛에 달콤함을 더한 새로운 감자칩으로 선풍적인 인기를 끌었습니다. 맛도 맛이었지만, '남이 맛있다고 하니 나도 한

밴드왜건(악대차)의 모습

번 먹어 본다'는 대중의 심리가 한몫했지요. 이 외에도 2010년대 '등골 브레이커'라 불리던 N사의 패딩 점퍼와 롱패딩, 많은 사람이 들고 다녀 3초 백이라 불리던 명품 백도 밴드왜건 효과로 선풍적인 인기를 끌었습니다.

　최근에는 SNS의 영향력이 커지면서 밴드왜건 효과가 더 뚜렷하게 나타나고 있습니다. 사람들은 SNS나 유튜브를 보고 유행이라고 소문이 난 상품을 따라 사려고 합니다. 이러한 현상을 이용해 최근 수많은 기업이 SNS에서 상품이 유행하도록 유도하는 바이럴 마케팅viral marketing을 펼치고 있지요. 그러다 보니 소비자 입장에서는 '나'의 개인적 필요에 맞지 않는 쓸데없는 물건을 사서 후회하는 일도 생깁니다. 상품이 내 취향에 맞는지, 얼마나 필요한지 따져 보고 소비하는 자세가 필요합니다.

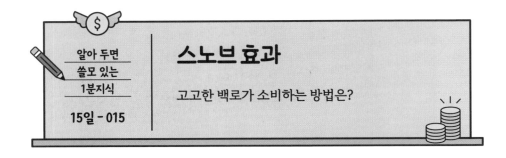

알아 두면
쓸모 있는
1분 지식

15일 - 015

스노브 효과

고고한 백로가 소비하는 방법은?

영화 〈미나리〉로 세계적인 영화제의 여우조연상을 휩쓴 윤여정 배우. 그녀가 영국 아카데미 시상식의 수상 소감에서 '스노비쉬snobbish'라는 말을 사용해 화제가 된 적이 있었습니다. '고상한 척하는', '젠체하는' 뜻의 이 단어는 듣는 이들에게 인상 깊게 다가왔습니다. 스노비쉬의 명사형 단어인 스노브snob는 고상한 척하며 자신의 사회적 지위나 재산을 뽐내는 속물을 일컫습니다. 이 단어와 관련된 경제현상이 존재하는데요. 스노브 효과Snob effect라는 것이지요.

'스노브 효과'는 '난 남들과 달라'라는 생각에 나만의 차별성을 강조하고 싶어 사람이 많이 사는 제품을 일부러 사지 않는 경우를 말합니다. 우리 말에 "까마귀 우는 곳에 백로야 가지 마라"라는 속담이 있습니다. 고고한 백로의 이미지에서 이름을 따와서 스노브 효과를 백로 효과라 부르기도 하지요.

스노브 효과는 돈 많은 상류층의 소비에서 두드러집니다. 부자들은 다른 계층과는 다른, 자신들의 우월성과 차별성을 드러낼 수 있는 소비를 즐깁니다.

스노브 효과는 밴드왜건 효과와 정반대에 위치합니다. 밴드왜건 효과가 '남을 따라서' 물건을 사는 효과라면, 스노브 효과는 일부러 '남들이 사지 않는' 상품을 찾아 구매하는 행태를 가리킵니다. 그렇지만 기본적으로 타인을 의식해서 이뤄지는 소비라는 측면에서는 공통점이 있습니다.

스노브 효과를 이용해 속임수를 써 한몫 벌어들이려는 이들도 있습니다. 2000년대 중반 한 시계 회사가 '유럽 왕족들이 쓰는 시계'라는 입소문을 타고 인기를 끌었습니다. 그런데 알고 보니 이 시계는 원가가 몇 만 원에 불과한 가짜였지요. 스노브 효과를 노린 속임수에 많은 사람이 현혹된 것입니다.

최근에 기업들이 내놓는 '한정판(리미티드 에디션)' 상품 역시 스노브 효과와 관련이 깊습니다. 가령 S사는 명품 브랜드와 합작해 한정판

19세기 스노브를 풍자한 그림

스마트폰을 내놨습니다. 스타벅스의 다이어리는 한정된 수량만 팔기 때문에 큰 인기를 끌지요. 소수만 누릴 수 있는 상품을 구매하면서 사람들은 남들과 다른 것을 소비했다는 만족감을 얻습니다. 이처럼 상품 판매 전략에는 스노브 효과가 자주 이용됩니다.

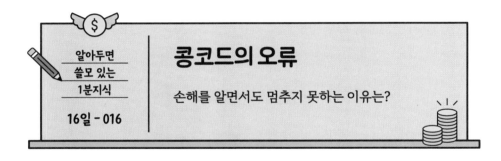

콩코드의 오류

손해를 알면서도 멈추지 못하는 이유는?

일반 비행기보다 속도가 두 배가량 빠른 초음속 비행기를 알고 있나요? 프랑스와 영국이 합작해서 만든 '콩코드Concorde'라는 초음속 비행기가 있었습니다. 1969년부터 손님을 태우고 상업 운행도 했지요. 그렇지만 연구 개발 단계부터 이미 소음, 낮은 수익과 높은 연료비 등으로 초음속 비행기가 경제성이 없다는 사실이 드러난 터였습니다. 적자를 알면서도 두 나라 정부는 투자를 계속했습니다. 지금껏 연구 개발에 쓴 막대한 비용이 아까웠기 때문이었습니다. 콩코드 여객기는 30년 가까이 운행되었지만 적자가 점차 쌓였습니다. 엎친 데 덮친 격으로 2000년에는 파리 샤를 드골 공항에서 출발한 콩코드 여객기가 이륙한 지 채 2분도 안 돼 추락해, 탑승객 109명 전원이 사망하는 비극이 일어났습니다. 막대한 손해에 엄청난 사고까지 일으킨 콩코드 여객기는 2003년 결국 운항을 중지했습니다.

적자가 확실시된 시점에 영국과 프랑스가 콩코드 여객기의 운행을 중단했다면 어땠을까요? 그랬다면 그토록 피해가 커지지 않았을 텐데요. 이처럼 큰 손실이 예상돼도 지금까지 들인 투자 비용이 아까워서 잘못된 선택을 그만두지 못하고 계속 추진하는 경우가 있습니다. 이를 '콩코드의 오류Concorde fallacy'라 부릅니다.

콩코드의 오류는 매몰비용이라는 개념과 관련이 있습니다. 매몰비용은 이미 지불하여 회수할 수 없는 비용으로 엎질러진 물에 비유할 수 있습니다. 엎질러진 물처럼 주워 담을 수 없으며, 주워 담으려는 노력 자체가 무의미하지요. 경제학에서는 매

영국과 프랑스가 합작하여 만든 초음속 비행기, 콩코드 여객기

몰비용을 되돌려 받으려는 행동에는 아무런 이득이 없다고 이야기합니다.

많은 사람이 매몰비용과 앞으로 들어갈 비용을 혼동해서 잘못된 선택을 합니다. 음식을 무제한으로 먹을 수 있는 뷔페를 생각해 봅시다. 뷔페에 들어갈 때 낸 입장료가 아까워 배가 부른데도 음식을 꾸역꾸역 먹다가 오히려 힘들어지는 경우가 있습니다. 뷔페에 돈을 내고 들어간 이후부터 입장료는 어차피 매몰비용이니 고려할 필요가 없습니다. 이미 잃은 본전 생각이 나서 도박에서 빠져나오지 못하는 이들과 비슷합니다. 이렇게 매몰비용에 집착해서 앞으로의 행동을 정하다 보면, 더 큰 손실을 입을 수 있습니다.

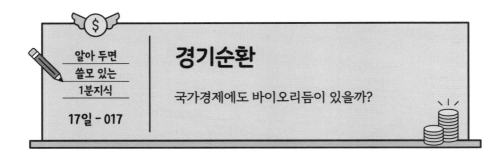

경기순환

국가경제에도 바이오리듬이 있을까?

2020년, 코로나19가 시작된 후 경제활동에 어려움을 겪는 이들이 늘어났습니다. 신문에는 '경기침체 우려', '코로나, 경기침체로 이어지나' 등의 기사 제목이 심심치 않게 눈에 띄었지요. 경기침체나 경기호황은 경제 기사에서 흔히 볼 수 있는 단어입니다. 그런데 경기란 대체 무엇일까요?

경기景氣라는 한자를 풀이해 보면 '경제활동의 기운'을 말합니다. 즉 국가경제의 전체적인 움직임이 활발한 수준을 뜻합니다. 사람의 바이오리듬이 좋을 때와 나쁠 때가 있는 것처럼 개인과 기업의 소비나 생산, 투자 등 경제활동도 움직임이 활발할 때가 있고 침체될 때가 있는데, 이를 경기라는 말로 표현한 것이지요.

바이오리듬이 늘 나쁘거나 좋지 않듯, 국가경제의 활동 수준도 활기를 띠는 시기와 침체 시기를 거치며 일정한 흐름을 탑니다. 이를 경제학에서는 '경기순환'이라고 표현합니다.

다음 그래프는 경기의 변동을 잘 보여 줍니다. 호황기는 생산, 투자, 소비, 고용 등 경제활동이 가장 활발해지는 시기입니다. 호황기를 지난 후 생산, 투자, 고용의 움직임이 점차 위축되는 시기가 오는데 이를 후퇴기라고 합니다. 불황기는 모든 경제활동이 가장 침체되는 시기로, 일자리가 줄어들어 실업률이 높아지고 소비와 투자가 잘 이뤄지지 않습니다. 가장 나쁜 시기를 거치고 나면 다시 경제활동이 활발해지는 회복기가 오지요. 경기는 이처럼 '호황기 → 후퇴기 → 불황기 → 회복기'의 흐름

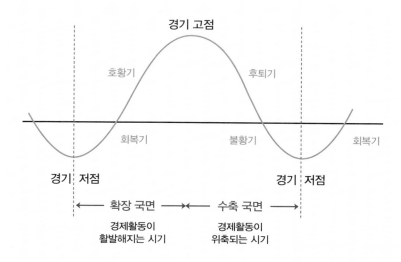

경기순환을 나타낸 그림

을 반복하며 돌고 돕니다.

호황기에도 불황기에도 나름의 문제가 존재합니다. 호황기에는 생산과 소비, 투자가 모두 활발해 고용은 잘 이뤄지지만 상품의 수요가 늘어나면서 전반적으로 물가가 올라가기 쉽습니다. 반면 불황기에는 경제활동이 활발히 이뤄지지 않기 때문에 물건이 팔리지 않아 문을 닫는 가게가 늘어나고 직장을 잃는 사람도 늘어납니다.

경기순환은 자연스러운 현상이기 때문에 호황기와 불황기의 흐름을 완전히 막을 수는 없습니다. 다만 어떤 경우라도 심각한 수준에 달하면 나라 경제에 커다란 위기가 올 수 있습니다. 이 때문에 현재 경제 상태가 경기순환의 어떤 지점에 있는지 정확히 판단하고 적절한 처방을 통해 경기를 안정시키는 것이 중요합니다.

인플레이션

자장면 가격은 왜 오르기만 할까?

독일의 초인플레이션 당시 가치가 없어진 화폐를 가지고 노는 어린이들

1920년대 독일의 어린이들을 찍은 사진입니다. 돈을 가지고 블록 쌓기를 하는 아이들. 어마어마한 부잣집 자녀들일까요? 왜 귀한 돈을 장난감처럼 가지고 노는 걸까요? 이는 당시 독일에서 돈의 가치가 얼마나 형편없었는지 말해 줍니다. 심지어 돈을 휴지 대신 쓰거나 감자 한 봉지를 사기 위해 돈을 수레에 싣고 가기도 했습니다. 돈의 가치는 바닥에 떨어졌지만 감자나 빵 같은 상품의 가치는 하늘로 치솟았거든요.

이 정도로 심각하지는 않더라도 자본주의 경제에서는 상품의 가치가 올라가고 돈의 가치가 떨어지는 현상이 자연스럽게 일어납니다. 이를테면 한국에서 현재 한 그릇에 5,000원 정도인 자장면이 30여 년 전인 1988년에는 고작 793원이었습니다. 비단 자장면뿐 아니라 거의 모든 상품의 가격이 30년 동안 꾸준히 상승했지요. 이처럼 물가가 지속적으로 상승하는 현상을 '인플레이션Inflation'이라고 합니다. 인플레이션은 한 나라의 경제가 성장하면서 자연스럽게 나타날 수 있는 현상입니다. 나라 경제가 발전하면 국민의 소득도 올라갑니다. 주머니가 두둑하니 사람들은 예전보다 더 많은 상품을 살 수 있고, 이에 따라 상품의 가격이 비싸집니다.

물가상승이라는 말을 뒤집으면 '같은 돈으로 살 수 있는 상품의 개수가 줄어든다'는 의미이기도 합니다. 가령 1988년 5,000원이라는 돈은 자장면을 약 6그릇 정도 사 먹을 수 있는 가치에 해당했지만, 현재는 자장면 1그릇 정도의 가치를 지닙니다.

적당한 인플레이션은 자연스러운 현상이지만, 심각할 때는 사회의 부副와 소득이 불공평하게 재분배되는 문제가 나타납니다. 인플레이션으로 물건의 가치가 올라가니 집이나 땅, 금 등 값나가는 상품을 가진 사람들이 유리해지고, 현금을 가진 사람이나 봉급생활자와 같은 서민은 가진 돈으로 비싸진 상품을 사야 하니 불리해집니다.

인플레이션은 국가의 경제성장에도 나쁜 영향을 미칩니다. 돈의 가치가 떨어지니 사람들은 은행에 저축을 해봤자 손해라는 사실을 알게 됩니다. 이제 저축보다는 부동산 투기 등을 통해 돈을 벌려고 하지요. 저축이 줄어드니 은행이 기업에 빌려 줄 수 있는 돈도 줄어들고, 이 때문에 기업의 투자와 생산이 줄어들어 국가의 경제성장에 나쁜 영향을 미칩니다. 인플레이션 때문에 다른 나라와의 무역에서 불리해지기도 합니다. 국내 상품의 가격이 올라가면 해외로 수출되어 팔릴 때의 가격이 비싸져 인기가 떨어집니다. 국내에서는 상대적으로 싼 해외 수입품의 인기가 올라가지요. 수출은 줄고 수입이 늘어나면 무역 적자(지출이 수입보다 많은 경우)가 나타납니다. 이처럼 인플레이션이 오랫동안 심한 수준으로 나타나면 나라 경제에 좋지 않은 영향을 미칩니다.

디플레이션

물가가 떨어지는 것은 왜 공포일까?

1990년대 초 일본에서는 놀라운 일이 벌어졌습니다. 불과 1년 전까지 거침없이 오르던 부동산 가격이 갑작스레 떨어지기 시작한 것입니다. 1989~1992년 3년 동안 일본의 땅값은 50% 이상 하락했습니다. 1990년대 말에는 소비자들이 사는 물건의 가격도 내려가기 시작했습니다. 땅값도 물건값도 절반 이상 낮아졌으니 일본 국민이 좋아했을까요? 그렇지 않습니다. 오히려 일본 정부와 국민은 깊은 근심에서 벗어나지 못했습니다.

1990년대 일본의 상황처럼 물가가 지속적으로 떨어지는 현상을 '디플레이션 Deflation'이라고 합니다. 풍선에서 '바람을 빼다', '팽창을 수축시키다'라는 뜻의 동사 디플레이트Deflate에서 비롯된 말입니다. 인플레이션이 '부풀리다', '과장하다', '올리다'라는 뜻의 인플레이트Inflate에서 왔으니 완전히 상반되는 현상이라고 볼 수 있습니다.

인플레이션은 국가경제가 성장하고 나라의 경제활동이 활발해지면 자연스럽게 나타나는 현상입니다. 반대로 디플레이션은 경기가 침체되고 국민소득이 줄어들 때 나타나는 경우가 많습니다. 경기가 나쁘면 주머니가 가벼워진 소비자들은 상품 구매를 줄입니다. 이 과정에서 물가가 떨어지지요. 팔리지 않은 상품이 쌓여가고 이윤이 줄어드니 기업은 생산과 투자를 줄이고, 노동자를 해고하고 일자리를 줄입니다. 자연히 사람들은 소비를 더욱 줄이지요. 기업에는 팔리지 않은 상품이 또다시 쌓이고,

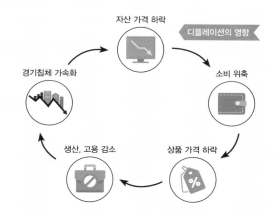

디플레이션의 영향

물가는 더욱 떨어집니다. 이와 같은 악순환을 거치며 경기는 더욱 나빠집니다. 보통 경기가 가장 나쁜 상황에서 발생하기 때문에 경제학자들은 인플레이션보다 디플레이션을 더 큰 공포의 상황으로 여깁니다.

디플레이션이 올 정도로 경기가 나빠지면 정부는 어떻게 대처할까요? 디플레이션과 경기침체는 몸에 피가 잘 돌지 않는 상황에 비유할 수 있습니다. 피가 부족하면 몸 전체의 기능이 제대로 유지되지 않는 것처럼, 돈이 부족하면 국가 전체의 경제가 제대로 유지되기 어렵지요. 사고나 수술 또는 질환 때문에 환자의 몸에 피가 모자라면 병원에서 환자에게 수혈을 하듯, 중앙은행이나 정부는 시중에 돌아다니는 돈의 양(통화량)을 늘리는 정책을 실시합니다. 덕분에 소비가 늘어나면서 기업도 투자와 생산을 늘리고 다시 물가가 올라가기 시작합니다. 물론 국가가 돈을 풀 때는 부작용으로 물가가 지나치게 올라가지 않도록 주의해야 합니다. 조심스럽게 통화량을 조절하는 정책이 요구되는 것이지요.

스태그플레이션

엎친 데 덮친 격, 가장 위험한 경제 상황은?

1970년대 초반 전 세계 경제에 위험 경보가 울렸습니다. 대부분 국가의 경제 상황이 한꺼번에 심각하게 나빠졌기 때문입니다. 기업의 생산활동이 제대로 이루어지지 않았고, 노동자들의 일자리가 줄어들며 소득까지 줄어들었습니다. 게다가 시장에서 살 수 있는 상품의 가격까지 비싸졌습니다. 우리나라도 1973년 3.5%였던 물가상승률이 1974년에는 24.8%로 수직 상승했지요.

한마디로 일자리를 잃었는데 물가까지 올라간 상황입니다. 좋지 못한 일이 한꺼번에 몰아닥치는 상황을 보통 '엎친 데 덮친 격' 또는 설상가상雪上加霜이라고 하는데 딱 그 짝이었지요. 이를 '스태그플레이션Stagflation'이라 합니다. 국가경제에 나타나는 두 가지 나쁜 상황이 있는데, 물가가 올라가는 것과 실업문제가 심각해지는 것입니다. 스태그플레이션은 이 두 가지, 즉 물가가 올라가는 인플레이션과 침체를 뜻하는 스태그네이션stagnation이 합쳐진 것이지요.

1970년대 이전만 해도 경제학자들은 물가상승과 경기침체라는 두 가지 나쁜 상황이 한꺼번에 나타날 리 없다고 굳게 믿고 있었습니다. 대체로 경기가 나쁠 때에는 소비와 생산이 잘 이루어지지 않고 소득 수준도 높지 않으니 물가가 오르지 않습니다. 반대로 경기가 좋을 때는 물가는 올라가도 생산이 잘 이루어지니 일자리가 풍부해서 실업문제가 도드라지지 않습니다. 그런데 이런 믿음을 깨뜨린 최악의 상황, 스태그플레이션이 1970년대에 등장한 것입니다. 중동의 산유국들이 석유값을 올려 석

구직 푯말을 든 사람의 모습. 스태그플레이션은 해결 방법이 없기에 위험하다.

유로 만든 상품의 가격이 전체적으로 올라갔는데, 경기까지 나빠져 전 세계 경제 상황에 빨간 불이 켜졌지요.

　스태그플레이션은 뚜렷하고 명쾌한 대책이 없어서 문제가 더 심각합니다. 물가와 실업문제가 한 가지씩 나타나는 게 아니라 한꺼번에 발생하니, 어느 한쪽의 해결에만 함부로 힘을 쓸 수 없습니다. 뾰족한 문제 해결 방법이 없기에 스태그플레이션은 매우 심각한 위기 상황입니다.

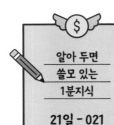
넛지 효과

슬쩍 찔러 보니 나타나는 의외의 효과는?

스웨덴 스톡홀름 지하철역에는 피아노 계단이 있습니다. 사람이 계단을 오를 때마다 피아노를 칠 때처럼 소리가 나도록 만들어진 것인데요. 어째서 계단을 이렇게 만들었을까요? 사람들이 호기심에 이끌려 피아노 계단을 이용하면, 옆에 있는 에스컬레이터를 이용하지 않으니 전기에너지 사용을 줄일 수 있습니다. '계단을 이용하시오'라는 직접적인 명령 없이 자연스럽게 사람들이 계단으로 향하도록 만든 것입니다.

이처럼 명령이나 지시 없이 부드러운 개입을 통해 사람들이 어떤 선택을 하도록 유도하는 것을 '넛지 효과Nudge effect'라 합니다. '넛지'라는 말에는 원래 '팔꿈치로 슬쩍 찌르다'라는 뜻이 있습니다. 강요가 아니라 은근하고 유연한 접근으로 사람들이 더 나은 선택을 하도록 이끄는 것이지요. 미국 시카고 대학교에서 행동경제학을 연구하는 리처드 탈러Richard H. Thaler와 법률가 캐스 선스타인Cass R. Sunstein의 공저인 『넛지Nudge』라는 책을 통해 널리

스웨덴 스톡홀름에 있는 피아노 계단은 자연스럽게 에너지를 절약하도록 돕는다. ©KJ Vogelius

알려진 개념입니다. 행동경제학이란 심리학과 사회학 등을 활용해 인간의 행동과 결과를 연구하는 경제학의 한 분야입니다. 인간은 항상 합리적으로 행동하는 존재라는 경제학의 기본 가정에 반기를 들지요.

넛지 효과의 예는 주변에서 쉽게 찾아볼 수 있습니다. 사람들이 불법으로 쓰레기를 몰래 버리는 장소에 설치하는 볼록거울(일명 양심 거울)도 그중 하나입니다. 쓰레기를 무단으로 투기하던 사람들이 볼록거울을 보고 양심의 가책을 느껴 하던 행동을 멈추게 하는 효과가 있습니다. 현장에 CCTV를 설치하는 것보다 강제성과 규제성은 적으면서 자발적인 협조를 이끌어 낸다는 장점이 있지요.

넛지 효과는 중요한 가르침을 줍니다. 그동안 경제학에서는 긍정적인 행동을 많이 하면 경제적 이익을 주고, 부정적인 행동을 하면 경제적 손해를 입히는 방식으로 사람들의 행동을 좋은 방향으로 바꿀 수 있다고 믿어 왔습니다. 이를 경제적 유인incentive이라고 부릅니다. 학급에서 지각비를 걷어 학생들의 지각을 줄이거나, 근로자에게 보너스를 지급해 더 열심히 일하게 만드는 것이 대표적인 사례입니다. 그러나 넛지 효과는 어떤 선택을 강제로 지시하지 않고, 경제적 유인을 쓰지 않고도 사람들의 행동을 변화시킬 수 있다는 가르침을 주었습니다.

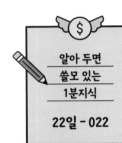
시장실패

'보이지 않는 손'이 모든 것을 해결할 수 있을까?

'세상에서 가장 치사한 CEO'라는 별명을 얻은 경영자가 있습니다. 전직 펀드 매니저였던 마틴 슈크렐리Martin Shkreli라는 사람이 그 주인공입니다. 슈크렐리는 '튜링'이라는 작은 회사를 설립한 후 에이즈 환자들이 먹는 치료제인 다라프림Daraprim 약의 특허권을 사들였습니다. 그러고는 그 값을 무려 55배나 올렸지요. 생산 원가가 1달러인 다라프림은 전 세계 에이즈 환자들이 매일 먹어야 하는 약으로 원래는 13.5달러(당시 가격 약 1만 6,000원)의 가격에 판매되고 있었습니다. 슈크렐리 때문에 하루아침에 약값이 750달러(약 90만 원)가 된 것입니다. 슈크렐리는 각종 의료협회와 에이즈 환자들에게 비열하고 치사한 경영인이라는 비난을 들었지만 아랑곳하지 않고 자신이 정한 가격을 그대로 지켰습니다.

그런데 어떻게 하루아침에 약값이 55배나 오를 수 있었을까요? 시장에 다라프림을 공급하는 기업이 튜링, 단 하나뿐이었기 때문입니다. 덕분에 튜링은 생산량이나 가격을 마음대로 결정할 수 있는 힘을 가질 수 있었지요.

오랫동안 경제학자들은 '보이지 않는 손'의 힘을 믿어 왔습니다. 국가나 정부가 손대지 않아도 경제 분야에는 시장 나름의 힘이 작용해서 경제가 절로 잘 굴러간다는 믿음이었지요. 시장이 완전한 경쟁 상태에서 운영된다면 소비자와 생산자의 자연스러운 경제활동 속에서 약값이 적절한 가격에 형성될 것입니다. 누군가의 독단적인 결정이 아니라 가격을 통해 가장 필요한 이에게 가장 적절한 양으로 자원이 배분되

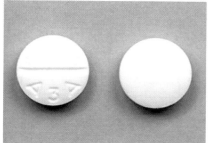

다라프림 특허권을 따낸 마틴 슈크렐리(좌)와 다라프림(우)

는 것이지요. 이를 '자원의 최적 배분'이라고 합니다. 경제학자들은 자유로운 경쟁과 질서 속에서 경제의 많은 문제를 시장이 해결할 수 있다고 믿었고, 정부 역시 당시 경제에 간섭을 하지 않았습니다.

그러나 오랜 시간 겪어 보니 시장에도 한계가 있었습니다. 다라프림의 경우처럼 하나의 시장에 독점기업이 존재하면, 상품은 사회적으로 필요한 양보다 적게 만들어져 높은 가격에 팔립니다. 또 공장의 폐수나 자동차의 배기가스처럼 사회에 악영향을 끼치지만 필요 이상으로 많이 만들어지는 오염 물질도 생깁니다. 반대로 무료 공원이나 가로등은 사회에 꼭 필요하지만 기업의 입장에서는 이득이 되지 않으니 시장에서 필요한 양만큼 생산되지 않지요. 이처럼 시장이 자원을 효율적으로 배분하지 못해 실패한 상태를 '시장실패'라 부릅니다.

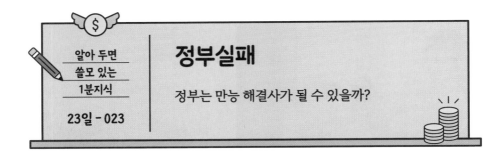

정부실패

정부는 만능 해결사가 될 수 있을까?

'뉴요커'라는 말이 유행할 만큼 세련되고 화려한 이미지로 유명한 미국 뉴욕. 그러나 이 대도시에도 낡고 방치된 건물이 즐비한 슬럼 지역이 존재합니다. 이런 슬럼화에는 뉴욕의 임대료 규제 정책이라는 원인이 자리잡고 있지요.

제2차 세계대전 이후 뉴욕에는 비싼 임대료 때문에 마땅한 집을 구하지 못하는 저소득층이 많았습니다. 이 문제를 해결하기 위해 뉴욕시에서는 일부 주택의 임대료를 일정 한도 내에서만 올리도록 규제하는 정책을 실시했지요. 더불어 세입자를 쉽게 내보내지 못하도록 규정도 만들었습니다. 처음에는 세입자를 위한 정책이 효과를 보는 듯했으나 새로운 문제가 드러났습니다. 낮은 임대료 때문에 제대로 수익을 올리기 힘들어진 건물주들은 부동산을 관리할 의욕을 잃었습니다. 오히려 아파트가 망가지도록 방치해 세입자들이 스스로 떠나도록 하거나 부동산을 아예 포기하는 이들도 있었지요. 이 때문에 뉴욕에는 오래되고 낡은 아파트가 방치되는 일이 많아졌고, 해당 지역의 위생과 치안 수준이 나빠졌습니다. 저소득층을 돕기 위해 시작한 정부의 정책이 오히려 도시 슬럼화라는 부작용을 낳은 셈입니다.

자본주의가 발달하는 과정에서 모든 일을 시장에 맡겨 온 결과, 독과점기업이 탄생하거나 공공재가 부족해지고 환경문제가 발생하는 등 시장이 제 기능을 다하지 못하는 시장실패가 일어났습니다. 이를 해결하기 위해 정부가 시장에 적극적으로 개입했고, 어느 정도 효과도 있었습니다.

그러나 한편으로 정부가 경제에 개입하는 과정에서 불필요한 비용이 더 들어가거나, 자원이 꼭 필요한 곳에 배분되지 못하는 부작용도 생겼습니다. 이처럼 정부의 시장 개입이 자원의 효율적 배분을 막거나 새로운 문제를 불러일으키는 상황을 '정부실패'라고 합니다.

제2차 세계대전 이후 뉴욕 슬럼가 사진

정부실패, 왜 생길까요? 일단 정부 역시 완벽하게 모든 일을 해결하는 전지전능한 존재가 아니기 때문입니다. 정부도 사람이 운영하는 만큼, 제한된 지식과 정보를 가지고 의사결정을 해야 하고 미래를 부정확하게 예측해 실수를 저지를 수 있습니다. 정부는 기업이나 가계에 비해 많은 정보를 갖고 있지만, 모든 정보를 확보할 수는 없고 또 확보한 정보가 완벽하다고도 할 수 없습니다. 제한된 정보로 국민경제에 영향을 끼치는 의사결정을 하다 보니 실수가 생길 수 있지요.

정부에서 일하는 관료들의 부정부패나 무능력으로 정부실패가 나타나기도 합니다. 우리나라의 경우 2008년부터 적극적으로 해외의 자원을 개발하는 사업을 벌여왔지만 부실한 정유 시설을 사들이거나 사업 실적이 엉망인 곳과 계약하며 손해를 입는 문제가 생겼습니다. 결국 정부의 무능력한 자원개발로 나랏돈만 나가는 결과를 불러일으켰지요. 이 역시 정부실패의 한 예로 볼 수 있습니다.

젠트리피케이션

핫한 동네가 떴다가 금방 지는 이유는?

런던 서부에 위치한 첼시와 햄스테드. 원래 허름하고 낡은 집들이 가득 차 노동자 계층이 살던 지역이었습니다. 그런데 어느 날부터인가 이 동네에 잘 차려입은 중산층이 들어와 지내기 시작합니다. 이곳은 점차 우아한 저택 지역으로 바뀌기 시작했고, 집값과 임대료가 급격히 비싸졌습니다. 결과적으로 원래 이곳에 살던 지역 주민들은 더 싼 주거 지역을 찾아 멀리 떠났고, 집값뿐 아니라 동네 모습과 특성 자체가 바뀌었지요.

영국의 사회학자 루스 글래스Ruth Glass는 이러한 현상에 주목했습니다. 그녀는 1964년 자신의 저서 『런던: 변화의 양상London: Aspects of Change』에서 첼시와 햄스테드에 나타난 현상을 젠트리피케이션gentrification이라 이름 붙였습니다. 젠트리gentry란 16세기부터 영국에 존재했던 토지 소유자, 법률가, 대상인 등 부유했던 중산층 계급을 일컫는 말입니다. 즉 '젠트리피케이션'이란 원래 중하류층이 살던 낙후된 지역에 경제적으로 활기가 생기고 주민들의 평균 소득이 높아지면서 땅값과 임대료가 올라가고 중산층 계급이 사는 곳으로 바뀌는 현상을 말합니다.

1960년대 영국만의 이야기가 아닙니다. 우리나라에서도 비슷한 현상이 벌어지고 있습니다. 지금은 경리단길로 유명한 이태원동의 회나무로. 2010년대 초반부터 젊은 창업자들이 각자의 개성을 담은 커피숍이나 옷가게 등을 차리면서 대표적인 상업지역으로 떠올랐지요. 그렇지만 지역경제가 활기를 띠면서 땅값이 올라갔고, 건물

높은 임대료에 항의하는 포스터

주인들은 가게의 임대료를 올리기 시작했습니다. 비싼 임대료를 감당하지 못한 원래 주민들은 이곳을 떠나야 하는 처지가 되었지요. 현재 경리단길에는 폐점을 하거나 빈 점포가 늘어났습니다. 젠트리피케이션 현상이 나타나면서 지역이 활기를 잃은 것입니다.

젠트리피케이션에는 긍정적인 측면과 부정적인 측면이 있습니다. 젠트리피케이션이 이루어지면 지역경제가 활기를 띠고 주민들의 평균 소득도 높아집니다. 상업 지역이 만들어지면서 지역의 가치가 자연스럽게 오르는 것도 좋은 일입니다. 그렇지만 이 과정에서 대기업의 자본이 들어오거나 임대료가 지나치게 올라 원래 살던 주민과 지역의 문화적 분위기를 만들어 온 예술가와 상인들이 쫓겨나면서 그 지역의 문화적 다양성과 개성을 잃는 일도 생깁니다. 특히 우리나라는 경리단길뿐 아니라 신사동의 가로수길, 망리단길 등 이른바 '젊은이들의 핫한 거리'로 떠올랐던 거리나 골목이 비슷한 과정을 겪으면서 상권이 오히려 쇠퇴했습니다. 이러한 이유로 최근에는 젠트리피케이션에 반대하는 움직임도 존재합니다.

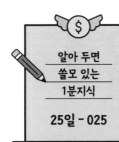

도덕적 해이

운전자보험에 가입하면
왜 안전 운전에 소홀해지기 쉬울까?

경필이 아버지는 안전 운전을 위해 노력하는 운전자였습니다. 주변 차들의 움직임을 주시하고 교통신호를 지키기 위해 노력했습니다. 그런데 운전자보험에 가입한 이후 행동에 약간의 변화가 생겼습니다. 사고가 나면 많은 금액을 보장해 주는 보험을 든 후 아버지는 예전보다 안전 운전에 소홀해졌습니다. 사고가 나도 보험회사에서 보험금이 나오니 손해가 날 일은 없겠다 싶은 마음이 든 것이지요. 물론 보험회사에서는 경필이 아버지의 행동을 감시할 수 없으니 이런 사실을 알 턱이 없습니다.

이런 현상은 운전자보험뿐 아니라 화재보험이나 생명보험 가입자에게서도 쉽게 관찰할 수 있습니다. 원래 화재사고나 안전사고가 일어나지 않도록 노력하던 사람들이 보험을 가입한 이후로는 사고 예방에 최선을 다하지 않는 경우가 많습니다. 보험사와 가입자가 일단 계약을 맺고 나면 보험 가입자는 자신이 어떻게 행동하는지 잘 알지만, 보험사는 가입자가 어떻게 행동할지 알지 못합니다. 한쪽(가입자)은 정보가 많고 한쪽(보험회사)은 정보가 적은 정보의 불균형이 일어나지요. 자신의 행동을 알고 있는 가입자는 보험을 믿고 사고 예방에 최선을 다하지 않는 반면, 정보가 부족한 보험사는 해이해진 가입자 때문에 보험금을 더 많이 지출해 손해를 입기도 합니다.

이처럼 어떤 계약을 맺은 이후 정보를 많이 가진 쪽이 최선을 다하지 않아, 정보를 갖지 못한 쪽에게 손해를 입히는 경우를 '도덕적 해이Moral hazard'라고 합니다. 보험 시장뿐 아니라 다양한 분야에서 도덕적 해이가 나타납니다. 고용안정이 이미 보장된 상태의 공무원이 일을 충실히 하지 않는 경우, 은행이 부실한 운영으로 고객이 맡긴 돈을 함부로 대출해 주는 경우도 이에 해당합니다.

'도덕적'이라는 말이 들어가 있긴 하지만, 무조건 개인의 나쁜 행동만을 탓할 수는 없습니다. 경제학에서 보면 도덕적 해이는 모든 사람이 자신의 이익을 위해 행동하기

도덕적 해이의 대표적인 사례가 되는 보험

때문에 일어나는 현상입니다. 다만 거래 당사자 중 한쪽만 정보를 많이 갖고 있고, 다른 한쪽은 정보가 부족해 벌어지는 일인 셈이지요. 정보를 많이 가진 쪽이 계약을 맺을 때와는 달리 최선을 다하겠다는 약속을 지키지 않고 해이해지기 쉽습니다. 도덕적 해이를 막기 위해서는 개인의 도덕성을 바로잡기보다 거래 당사자가 정보를 고르게 가질 수 있도록 도울 필요가 있습니다. 가령 사고를 내지 않은 운전자에게는 매달 내는 보험료를 깎아 준다거나 은행이 고객의 예금을 제대로 사용하는지 정부가 감시하는 등의 노력이 필요합니다.

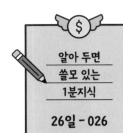

지역경제블록

가까운 나라끼리 경제적으로 힘을 합치면?

　세계 여러 나라의 경제 조건은 모두 다릅니다. 자연적 조건, 자원 및 인구 분포, 경제발전과 기술 발달 정도가 저마다 다르기 때문에 서로 협력·보완하면 경제적으로 이득을 얻기 쉬운 나라들이 있지요. 유럽의 국가들을 살펴볼까요? 유럽은 여러 나라로 나뉘어 있지만 비슷한 역사와 문화적 배경을 갖고 있으며 지리적으로 가깝습니다. 그래서 서로 관세를 없애고 자유롭게 무역을 하면 많은 이득을 얻을 수 있기 때문에 경제블록을 맺었습니다.

　경제블록은 여러분이 시험 공부를 위해 친구들과 협력하는 것과 비슷합니다. 예를 들어 경필이와 상민이는 잘하는 과목이 다릅니다. 경필이는 수학 성적이 높고, 상민이는 영어 성적이 높습니다. 둘은 서로 잘하는 과목을 가르쳐 주기로 했습니다. 경필이는 상민이에게 수학을 가르쳐 주고, 상민이는 영어를 가르쳐 주기로 한 것입니다. 서로 공부를 가르쳐 주어 두 사람의 영어와 수학 성적이 올라간다면 모두에게 도움이 되겠지요.

　이처럼 지리적으로 가깝거나 힘을 합치면 경제적 이익이 맞아떨어져 국가 간에 협정을 맺거나 기구를 만들어 협력하는 것을 '지역경제블록'이라 합니다. 유럽연합 EU뿐 아니라 미국, 캐나다, 멕시코가 만든 북미자유무역협정NAFTA, 동남아시아국가들이 뭉쳐 만든 동남아시아국가연합ASEAN 등이 예입니다.

　지역경제블록은 가입국 간의 결합이 얼마나 강력한지에 따라 종류가 나뉘는데, 가

유럽연합 국가들이 공통으로 쓰는 유로화 상징 조각(좌)과 아시아태평양경제협력체 정상회담에서 인사를 나누는 각 국 정상들(우)

입국끼리 하나의 기구를 설치해 화폐까지 통일하는 경제동맹이 가장 강력 강력합니다. 유럽연합이 그 대표적 예로, 가입국들은 대부분 유로화라는 화폐를 쓰고 있지요.

우리나라 역시 태평양 연안에 위치한 국가들의 연합체인 아시아태평양경제협력체APEC에 속해 있습니다. 미국, 오스트레일리아, 일본, 캐나다, 뉴질랜드 등 21개국이 APEC에 속해 있으며 유럽과 아메리카 지역 등 환태평양 지역의 경제발전을 위해 매년 정상회의를 열고 있습니다.

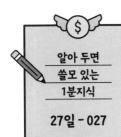

공유지의 비극

주인이 없는 목초지에서 무슨 일이 생길까?

한 마을에 공유 목초지가 있었습니다. 목동들은 자신의 소를 끌고 와 풀을 마음대로 먹였지요. 처음에는 큰 문제 없이 초원이 유지되었지만 목초지를 찾는 소의 숫자가 늘어나면서 문제가 생겼습니다. 목동들은 다른 목동의 소가 풀을 다 뜯어 먹을까 봐 그전에 자기 소를 먹이고자 점점 더 많은 소를 더 자주 끌고 왔습니다. 얼마 가지 않아 풀은 사라지고 공유지는 황무지로 바뀌어 버렸습니다.

이처럼 공동체가 함께 써야 하는 자원이지만 정해진 주인이 없는 경우, 시장에 이를 그냥 맡겨 두면 인간의 이기심 때문에 자원이 빠르게 고갈될 수 있습니다. 1968년 미국의 생태학자 개릿 하딘Garrett Hardin은 한 논문을 통해 이러한 현상을 '공유지의 비극'이라 불렀습니다. 공유지의 비극은 영국의 산업혁명이 시작되던 시기에 실제 일어났던 일이기도 합니다. 당시 양털로 옷감을 만드는 모직공업이 발달해 많은 농가가 양을 길렀고, 마을의 공동 목초지가 황폐화될 뻔했습니다.

공유지의 비극은 땅에만 한정된 문제가 아닙니다. 지하자원이나 물, 공기 같은 공유자원이 사람들의 이기적인 행태 때문에 빠르게 오염되거나 사라지고 있습니다. 온실가스를 생각해 볼까요? 공기는 특정 나라나 개인 소유가 아니기 때문에 날이 갈수록 지구온난화가 심각해지고 있지만, 누구도 적극적으로 나서서 지금 당장 이 문제를 해결하려 하지 않습니다. 이처럼 전 지구적인 문제뿐 아니라 우리 주변에서도 공유지의 비극은 쉽게 찾아볼 수 있습니다. 공중화장실은 모두에게 필요한 공공시설

인간의 이기심이 공동체의 이익을 망가뜨리는 경우를 공유지의 비극이라 한다.

입니다. 그렇지만 누구의 소유도 아니기 때문에 사람들이 함부로 쓰는 경향이 있습니다. 덕분에 쉽게 더러워지고는 하지요.

공유지의 비극을 어떻게 해결할지 그 방안을 내놓은 학자도 많습니다. 많은 경제학자가 공유자원을 개인 소유로 만들어 관리하면 문제가 줄어든다고 이야기합니다. 어떤 이들은 아예 국가가 나서 공유자원을 관리해야 한다고 말하기도 합니다.

제3의 방안을 내놓은 이들도 있습니다. 2009년 노벨 경제학상을 받은 엘리너 오스트롬Elinor Ostrom 학자는 시장이나 정부가 아니라 지역 주민이나 공동체가 자율적으로 규칙을 만들어 공유재산을 관리할 수 있다고 설명했습니다. 그는 미국 메인주 연안의 바닷가재 어장에서의 일을 예시로 들었는데, 근처 어부들이 스스로 공동체의 규칙과 순서를 만들어 바닷가재를 관리했습니다. 덕분에 지나친 어획으로 사라질 뻔한 위기를 넘길 수 있었지요.

석유 부자였던 베네수엘라 국민은
왜 살기 힘들어졌을까?
_ 초인플레이션

석유 매장량 세계 1위로 알려진 나라가 있다. 남아메리카의 베네수엘라다. 땅 밑에 어마어마한 원유가 묻혀 있는 이 나라의 주유소에서 휘발유를 구하려면 줄을 서서 한참을 기다려야 한다. 석유 부자 국가지만, 이 나라의 가구 중 75.8%는 하루 3.2달러(약 3,800원) 미만의 소득으로 생활한다. 전체 인구의 90%는 음식을 살 수 있는 충분한 소득이 없는 것으로 조사되기도 했다.

베네수엘라의 이 같은 심각한 상황에는 살인적인 인플레이션이라는 원인이 깔려 있다. IMF가 추정한 이 나라의 2020년 물가상승률은 무려 2355%이다. 지난해에 1,000원 하던 과자가 1년이 지나니 235만 5,000원으로 올랐다고 상상하면 된다. 베네수엘라는 어째서 이토록 엄청난 물가상승을 겪게 되었을까?

베네수엘라는 오랫동안 석유자원에 의존해 나라의 살림살이를 꾸려온 나라다. 석유를 판 돈으로 빈민들에게 집을 지어 주거나 의료 혜택을 베풀며 후한 복지정책을 펼친 적도 있었다. 그런데 2014년 초부터 최악의 상황이 벌어진다. 미국이 기존의 석유보다 더 싼 값으로 셰일가스를 생산하면서 전 세계 석유값이 절반 이하로 떨어진 것이다. 석유를 수출해 버는 돈이 줄어들자 정부는 부족한 나랏돈을 화폐 발행으로 해결하려고 했다. 화폐가 많이 발행되면서 그 가치가 바닥에 떨어졌다. 반대로

가치가 없는 화폐를 접어 만든 핸드백과 지갑 등을 파는 베네수엘라의 노점상

물건은 귀해졌다. 국민들은 생필품을 사기 위해 예전보다 훨씬 더 많은 돈을 지불해야 했다. 돈을 한 뭉텅이씩 들고 가야 빵 하나, 닭 한 마리를 겨우 살 수 있는 상황이 벌어졌다.

이처럼 물가가 통제를 벗어나 수백 퍼센트 이상 올라가는 현상을 초인플레이션 Hyperinflation이라 한다. 경제가 불안하거나 전쟁이 일어나 상품이 귀해져서 가격이 상승하는 상황에서, 정부가 무분별하게 화폐를 대량으로 찍어 낼 때 일어나는 현상이다. 초인플레이션이 발생하면 화폐는 일반 종이보다도 그 가치가 떨어진다. 베네수엘라에서도 화폐를 땔감이나 종이, 수공예 재료 등으로 사용하는 사람이 많다.

베네수엘라의 비극을 통해 정부의 화폐 발행 정책이 얼마나 중요한지 알 수 있다. 화폐를 많이 찍어낼수록 국민들이 부자가 되는 게 아니라, 통제 불가능할 정도로 물가가 올라가 국민들의 생활이 위태로워질 수 있다. 중앙 정부의 화폐 발행이 신중하게 이루어져야 하는 건 이 때문이다.

인간은 합리적 존재라는 가정, 맞는 것일까?

_행동경제학

마트에 가면 많은 상품이 990원, 9,900원, 19,900원, 29,900원 등 90원이나 900원으로 끝나는 가격표를 매달고 있다. 왜 그런 걸까? 미국의 케네스 매닝Kenneth Manning과 데이비드 스프로트David Sprott 박사의 공동 연구에 따르면 이는 '왼쪽 자릿수 효과' 때문이다. 대다수 문화권에서 사람들은 보통 왼쪽에서 오른쪽으로 글자를 읽는다. 자릿수가 많은 숫자를 볼 때, 왼쪽의 숫자에 집중한다. 그래서 30,000원보다 29,900원이 단 100원 차이임에도 저렴하다고 무의식중에 판단한다. 이 때문에 많은 사람이 10원이나 100원이 저렴할 뿐인 9,900원이나 19,900원의 상품을 고른다.

그동안 경제학자들은 인간은 합리적 존재라는 가정을 바탕으로 경제학 이론을 펼쳤다. 그러나 인간이 항상 합리적 존재라면 왼쪽 자릿수 효과가 나타나기 어렵다. 소비자가 완벽히 합리적인 존재라면 9,900원짜리 물건과 10,000원짜리의 물건이 100원만큼의 가치 차이가 있는지 비교해 보고 신중하게 상품을 선택할 것이다. 그러나 대부분은 무의식이나 심리적 요소에 흔들려 짧은 시간에 상품을 선택한다. 경제적 선택에도 심리적인 부분이 영향을 미치는 것이다.

이처럼 경제학에 심리학의 관점을 적용해 사회현상을 분석하는 경제학을 행동경제학이라고 한다. 이전까지 경제학에서는 인간을 완전한 정보를 수집해 자신의 이익이 큰 방향으로 선택하는 '호모 이코노미쿠스(경제적 인간)'라고 생각해 왔다. 그렇지만 행동경제학에서는 완전히 경제적인 인간은 없다고 이야기한다. 인간은 기본적으로 합리성을 추구하지만, 감정이나 충동에 흔들릴 수 있는 존재라는 것이다.

행동경제학에서 이야기하는 인간의 모습은 우리 안에서 쉽게 찾아볼 수 있다. 예를 들어 수술 동의서가 있다고 생각해 보자. 두 가지 중 환자들은 어떤 수술 동의서에 더 끌릴까?

왜 마트 가격표의 끝자리에는 9자가 많을까?

　　(가) 이 수술의 생존율은 80%입니다.
　　(나) 이 수술의 사망률은 20%입니다.

같은 뜻이지만 사람들은 생존율을 나타낸 문구 (가)에 더 많이 동의한다. 이처럼 같은 사실도 어떻게 표현하느냐에 따라 달라질 수 있다. 이를 프레이밍 효과(Framing effect, 어떤 질문을 하느냐에 따라 판단과 선택이 달라지는 현상)라고 한다.

이처럼 행동경제학은 인간의 심리에 집중해서 다양한 경제현상을 새롭게 분석하는 데 도움을 주고 있다.

3장
경제역사

- ☑ 자본주의의 역사
- ☐ 상업 자본주의
- ☐ 산업혁명
- ☐ 산업 자본주의
- ☐ 독점 자본주의
- ☐ 대공황
- ☐ 뉴딜정책
- ☐ 수정 자본주의
- ☐ 석유파동
- ☐ 신자유주의
- ☐ 세계 금융위기
- ☐ 일본의 버블경제
- ☐ 3저 호황
- ☐ 1997년 외환위기

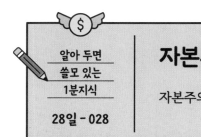

알아 두면
쓸모 있는
1분지식

28일 - 028

자본주의의 역사

자본주의의 얼굴도 바뀔 수 있을까?

우리나라에서 초·중등학교에 다니는 학생들은 학비를 나라에서 지급하기 때문에 누구나 무료로 교육을 받을 수 있습니다. 그러나 만약 여러분이 19세기 영국의 노동자 계층에서 태어났다면 이야기가 달라집니다. 대여섯 살 때부터 공장에 나가 일을 해야 했을 수도 있습니다. 심지어 새벽 3시부터 밤 10시까지 일하면서 온종일 혹사당하고 학교도 다니지 못했을 가능성이 높지요. 21세기의 대한민국도 19세기의 영국도 모두 자본주의라는 경제체제를 따르고 있습니다. 그런데 왜 두 시기의 어린이들은 다른 삶을 살게 되었을까요? 우리가 어릴 때부터 찍은 사진을 보면 내 모습이 조금씩 바뀌어 온 것을 확인할 수 있듯, 자본주의 역시 오랜 역사와 여러 가지 사건을 거치면서 그 얼굴을 바꾸었기 때문입니다.

자본주의가 무엇인지 살펴볼까요? 자본주의에서는 공장이나 기업을 세우고 노동자를 고용해 상품을 생산하는 자본가가 중심이 됩니다. 그들은 상품을 판매한 후 이윤을 얻습니다. 예를 들어 게임 회사가 온라인 게임을 만들어 세상에 내놓는 것은 기본적으로 게임을 판매해 돈을 벌기 위해서입니다. 게임 회사는 소비자에게서 판매 수익을 얻어 노동자나 투자자 등에게 생산에 참여한 몫을 나누어 줍니다. 모든 몫을 다 떼어 주고 남은 이윤은 게임 회사의 사장이 가져가지요.

자본주의의 기본 바탕은 이와 같지만, 그 모습은 계속 바뀌어 왔습니다. 특히 자본주의의 발달 과정에서 그 성격을 가르는 가장 중요한 기준은 '국가가 시장에 얼마

19세기의 아동 노동자들

나 개입하느냐입니다.

자본가와 시장에 모든 경제문제의 해결을 맡기고 시장을 자유롭게 놓아둘 것인지, 아니면 국가가 시장에 적극적으로 간섭할 것인지 그 문제에 대한 답은 시대의 흐름에 따라 계속 바뀌어 왔습니다.

자본가들이 경제력을 키운 상업 자본주의를 거쳐 산업혁명과 함께 본격적인 자본주의의 발달이 이루어진 산업 자본주의 시대에는 국가가 경제에 간섭하지 않고 '보이지 않는 손'에 의해 자동 조절되도록 시장에 많은 일을 맡겨 두어야 한다는 믿음이 우세했습니다. 그러다가 자본주의의 문제점이 쌓이면서 국가가 경제문제에 적극적으로 개입하는 수정 자본주의가 찾아오기도 했지요. 그런데 나라가 경제문제에 개입하면서 또 다른 문제가 생기자, 이번에는 정부의 경제 간섭을 줄이자는 신자유주의라는 경제학의 흐름이 세상을 지배하기도 했습니다. 자본주의의 모습은 시대의 상황과 몇 가지 사건을 계기로 계속 변화해 온 것입니다. 물론 앞으로도 자본주의는 시대의 흐름에 따라 그 얼굴을 바꾸어 갈 가능성이 큽니다.

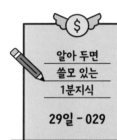

상업 자본주의

자본주의에도 태아의 시기가 있었다?

'신항로 개척' 사건을 역사 시간에 들어 본 적 있나요? 콜럼버스Christopher Columbus, 마젤란Ferdinand Magellan 등 유럽인이 동양이나 신대륙으로 가는 새로운 바닷길을 찾아낸 사건을 말해요. 왜 탐험가들은 새로운 바닷길을 찾아 항해했을까요? 동양으로 가는 길을 발견하면 동양에서 좋은 상품을 들여오기에 유리했기 때문입니다. 실제 신항로 개척 이후 유럽의 상인들은 아시아나 아메리카, 아프리카에 식민지를 만들고 무역을 하며 향료, 차, 금, 은 등 값진 물건을 유럽으로 들여와 비싼 값에 팔았습니다. 무역으로 큰돈을 벌기 시작한 상인계급은 점차 경제적으로 강력한 힘을 키우기 시작했지요.

이때 상업이나 무역 활동으로 자본을 축적한 상인들은 더 많은 상품을 만들기 위해 도시 수공업자나 농민들에게 원료와 도구를 제공하고 미리 필요한 만큼 상품을 만들도록 주문합니다. 상품이 다 만들어지면 이를 시장에 팔았지요. 이러한 생산 방식을 '미리 대금을 맡겨 생산하게 한다'는 뜻의 선대제先貸制라고 합니다. 거기서 한 발 더 나아가 일부 수공업자들은 노동자들을 한곳에 모은 다음, 분업을 하도록 해 더 많은 상품을 생산하게 했습니다. 이를 공장제 수공업매뉴팩처, manufacture이라고 부릅니다.

이렇게 선대제와 공장제 수공업에 기초해서 많은 상품을 판 상인들은 점차 더 큰 부자가 되었고, 자본을 쌓았습니다. 이것을 자본주의 역사의 초기로 보고, 상업 자본

독일 도자기 공장의 모습. 상업 자본주의 시대의 공장제 수공업 방식을 알 수 있다.

주의라고 합니다. 상업 자본주의란 상업, 즉 상품을 사고파는 유통 과정에서 이윤을 얻는 자본주의를 말합니다.

　사실 본격적인 자본주의의 시작은 18세기 산업혁명 이후 등장한 산업 자본주의 시기로 봅니다. 그렇지만 이전 시기인 16~18세기에도 자본주의가 발달할 조짐이 보였던 셈입니다. 아직 공장에서 기계를 써서 상품을 대량생산한 것은 아니었지만, 집 안에서 자급자족을 하기 위해 물건을 만들던 이전의 가내 수공업을 벗어나 상품을 대량으로 생산하기 위한 조직이 만들어졌다는 점에서 선대제와 매뉴팩처를 자본주의의 초기 모습으로 본 것이지요. 이를 마치 아기가 태어나기 전에 엄마 뱃속에 태아로 존재하는 것과 비슷하다고 하여 흔히 자본주의의 태동기胎動期라 부릅니다. 그래서 이 시기를 상업 자본주의라고 부르는 겁니다.

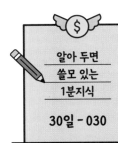

산업혁명

인류의 풍요를 가져온 사건은 무엇일까?

1769년, 영국에서 세계 역사의 흐름에 큰 영향을 미칠 발명이 일어났습니다. 제임스 와트가 증기기관이라는 동력 기관을 만든 사건이었지요. 증기기관은 물이 끓을 때 나오는 수증기의 힘을 이용해 기계가 저절로 움직이게 도와주는 장치인데, 와트가 이것을 산업현장에서 쓸 수 있게 바꾼 것이었습니다.

물론 와트의 발명 이전에도 영국에서는 공장에서 상품을 만드는 생산 형태가 발전하고 있던 참이었습니다. 특히 면직물과 모직물을 만드는 섬유공업이 나날이 성장하고 있었습니다. 목화나 양털에서 실을 뽑아내는 기계인 방적기와 실로 섬유를 만드는 방직기라는 기계가 공장에서 쓰이고 있었지요. 이 방직기와 방적기는 원래 사람의 손이나 수력으로 움직였는데, 여기에 증기기관을 달자 기계가 자동으로 움직이며 질 좋고 값싼 섬유를 많이 만들어 낼 수 있었습니다.

원래 방적기로 실을 짤 경우 면화 45kg로 실을 만드는 데 2000시간의 노동이 필요했는데 와트의 증기기관을 방적기에 결합할 경우 300시간이면 똑같은 양의 실을 만들어 낼 수 있을 정도로 생산성이 증가했지요.

기계로 상품을 생산할 수 있게 되자 섬유공업뿐 아니라 기계공업, 제철업도 발달했습니다. 증기를 끓이려면 연료가 필요했고, 이 연료로 적합한 것이 석탄이었기에 석탄 산업도 급격히 발전했지요. 이제 집에서 손으로 상품을 만들던 가내 수공업 시대는 지나가고 공장에서 기계를 이용해 대량생산을 하는 공장제 기계공업 시대가 왔

제임스 와트가 발명한 증기기관의 모습

습니다.

공장이 생기고 산업의 규모도 커지자, 석탄이나 철광석 등의 원료와 제품을 멀리 나르기 위해 교통 수단에도 변화가 나타났습니다. 증기기관을 이용해 배와 기차를 움직이는 증기선과 증기 기관차가 등장했지요. 통신 수단에도 혁신이 일어나 미국의 모스Samuel Morse는 유선 전신을, 벨Alexander Graham Bell은 전화를 발명했습니다. 교통과 통신 수단이 발전하면서 사람들이 움직일 수 있는 공간이 넓어지고 생활권과 시장이 확대되었습니다. 전 세계가 하나로 연결되기 시작한 것이지요. 도시에는 공장이 빽빽이 들어서기 시작했습니다. 특히 산업혁명이 시작된 영국은 '세계의 공장'이라고 불릴 만큼 굴뚝으로 뒤덮인 곳이 되었습니다.

이처럼 공장제 기계공업의 발달로 농업 중심의 세상이 제조업 중심의 2차산업 사회로 변화한 사건을 '산업혁명'이라고 합니다. 생산력이 발달하면서 인류는 풍요로운 시대를 맞았지만, 한편으로 새로운 문제가 사회 곳곳에 등장하기도 했습니다.

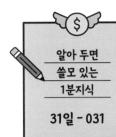

산업 자본주의

자본주의는 어떻게 세상을 변화시켰을까?

영국 북서부 지방에 위치한 맨체스터. 영국의 대표적인 축구 강팀이 있는 도시로 유명합니다. 특히 약 10여 년 전에 박지성 선수가 맨체스터 유나이티드 팀에서 활동하면서 우리나라에서도 유명해졌지요. 물론 축구로 유명한 도시이기도 하지만, 사실 이곳은 산업혁명이 시작되었던 지역 중 하나이기도 합니다. 18세기에 면직공업이 발전하면서 맨체스터는 평범한 시골에서 경제력을 갖춘 도시로 탈바꿈했고, 1830년 대에는 맨체스터와 리버풀을 잇는 최초의 철도가 놓이기도 했습니다. 이렇게 발달한 자본력을 밑바탕으로 2개의 축구 구단을 둔 유명한 도시가 되었습니다.

산업혁명은 이렇게 특정 도시와 계층에게 많은 자본력을 만들어 주었고, 사회의 모습도 변화시켰습니다. 산업혁명으로 공장제 기계공업 시대가 열리자 자본가들은 직접 공장을 설립하고 노동자들을 고용했습니다. 기계를 조종하고 움직일 수 있을 정도의 지식과 기술만 있으면 누구나 공장에서 일을 할 수 있었지요. 더구나 농촌에서 도시로 많은 사람이 몰려왔으니 노동자로 일할 사람은 넘쳐났습니다. 자본가들은 공장에서 일하는 사람들에게 굳이 높은 임금을 줄 필요가 없었지요. 그들은 낮은 임금으로 노동자를 고용해 상품을 많이 만든 다음, 이를 시장에 판매해 이윤을 남기며 더 큰 부자가 되어 갔습니다. 자본가들의 경제력과 함께 사회적 힘도 점차 커지기 시작했지요. 이처럼 산업혁명 이후 자본가가 공장을 설립해 노동자를 고용하고 상품을 생산하는 자본주의를 '산업 자본주의'라 말합니다.

산업혁명과 산업 자본주의의 발전으로 상품을 많이 만들어 낼 수 있게 되자, 이전과는 차원이 다른 풍요의 시대가 왔습니다.

물론 산업혁명에 밝은 면만 존재했던 것은 아닙니다. 인구가 도시로 모여들면서 주택이나 위생 문제가 심각해졌습니다. 낮은 임금을 받으며 열악한 생활을 했던 노동자들은 점차 삶의 질이 떨어졌습니다. 자료에 따르면 영국 1840년대 맨체스터시티의 상류층의 기대수명이 38세였던 데 비해

산업 자본주의 시기에 나타난 도시 빈민문제

노동계급의 기대수명은 17세에 불과했습니다. 노동자들은 쓰레기와 재가 쌓인 지역에서 살며 하루 10~16시간씩 일을 해야 했으니 건강과 삶의 질을 챙기기 어려웠던 것이지요. 열악한 노동, 주거환경에 둘러싸여 있던 노동자 계급에 비해 자본가는 경제적으로 부를 쌓아갔고, 자본가와 노동자 사이의 갈등도 점차 커졌습니다. 이처럼 빈부격차와 노동문제 외에도 환경오염, 빈민문제 등 자본주의의 발달에 따른 어두운 면이 드러났습니다.

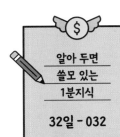

독점 자본주의

변질된 자본주의가
식민지를 찾기 시작한 이유는?

아프리카 지도를 보면 특이한 점을 발견할 수 있습니다. 알제리, 리비아, 말리, 수단, 나미비아 등 국경선이 자로 그은 듯 직선으로 이루어진 나라가 많습니다. 보통 산맥이나 하천을 기준으로 국경이 나뉘기에 구불구불한 경우가 많은데, 이곳의 국경은 누군가 인위적으로 선을 그어 나누었다는 인상을 주지요. 사실 9~20세기 초까지 유럽인들이 아프리카를 식민지로 점령하며 자신들의 필요에 맞게 국경을 나누었기에 이런 모양이 만들어진 것입니다. 당시 유럽 국가들은 아프리카뿐 아니라 아메리카, 아시아 등지로 식민지를 늘렸습니다. 그들은 어째서 식민지를 넓히는 데 주력했을까요?

산업혁명 이후 발달한 산업 자본주의는 개인이나 기업의 자유로운 경쟁을 중요하게 생각했습니다. 정부가 개입하지 않고 시장을 자유롭게 내버려 두면, 수요자와 공급자가 자유로운 선택과 경쟁 아래서 자신의 이익을 추구할 수 있는 시스템이었지요.

그런데 무한한 자유경쟁은 문제점을 낳았습니다. 경쟁에서 이긴 소수의 자본가만이 엄청난 자본을 축적할 수 있었습니다. 이러한 상황에서 19세기 말에 중화학공업이 발전했습니다. 공업의 특성상 생산에 필요한 커다란 규모의 기계설비 시설을 갖춘 일부 자본가에게만 유리한 상황이 만들어졌습니다. 큰 자본을 투자할 수 있는 자본가와 기업은 점차 힘을 불려 가며 독점기업(한 개의 기업이 시장에 상품을 공급하는 경우)이 되었습니다.

독점기업은 이윤을 늘리기 위해 더 낮은 비용으로 더 많은 상품을 만들어 판매했고, 이러한 경쟁을 통해 다른 작은 기업들을 물리쳤습니다. 결국 가장 낮은 비용으로 최대한 많은 상품을 생산할 수 있는 규모 있는 거대 기업과 소수의 대자본가만이 시장에서 살아남았습니다. 심지어 이러한 거대 공룡 기업들은 서로 힘을 합쳐 독점자본을 만들어 냈습니다. 독점기업이 지배하는 이 시장에서는 자유로운 경쟁 질서는커녕 경쟁 자체가 불가능한 구조가 되어 버렸지요. 이처럼 19세기 말~20세기 초까지 거대한 소수의 기업이

아프리카 대륙을 밟고 선 영국의 제국주의자 세실 로즈Cecil Rhodes를 풍자한 그림. 세실 로즈는 남아프리카에서 다이아몬드 채굴권을 얻었던 사업가다.

시장을 독점하는 형태의 자본주의를 '독점 자본주의'라 부릅니다.

독점자본은 어마어마한 생산량의 상품을 시장에 쏟아냈습니다. 이제는 상품을 더 사줄 시장이 부족할 지경이었습니다. 상품의 원료를 끌어올 곳도 부족했습니다. 이 때문에 독점자본 세력은 아시아, 아프리카 등에 식민지를 늘리고자 했습니다. 식민지는 값싸게 원료를 들여올 수 있고, 다 만든 상품을 비싸게 팔 수 있는 최고의 선택지였습니다.

강대국의 독점자본 세력들은 식민지를 늘리면서 땅 따먹기 하듯 식민지 쟁탈 경쟁도 벌어졌습니다. 이렇게 강대국이 힘이 약한 국가들을 침략해 식민지로 삼아 자원을 빼앗고 착취하는 경향이 강해지고, 식민지 쟁탈전이 심각해지면서 이를 바탕으로 제1차 세계대전까지 벌어졌습니다. 독점 자본주의가 전쟁이라는 비극을 불러온 셈이지요.

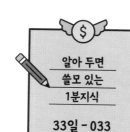

대공황

전 세계를 공포로 몰아넣은
역사상 최악의 경기침체는?

1929년 10월 24일 목요일, 미국의 증권거래소가 밀집한 월 스트리트에 절망적인 이야기가 들려왔습니다. 아침에 주식시장이 열리자마자 주가가 크게 떨어졌다는 소식이었습니다. 흉흉한 소식에 사람들은 증권거래소에 몰려들었습니다. 가격이 더 떨어지기 전에 자신이 가진 주식을 모두 팔아야겠다는 생각 때문이었습니다. 이때까지만 해도 최악의 상황을 가정하는 사람은 없었습니다. 그러나 닷새 뒤 10월 29일 주식 가격은 다시 23% 정도로 떨어졌으며 140억 달러어치의 주식이 휴지조각으로 변해 버렸습니다.

월가의 붕괴 이후 미국을 비롯한 전 세계 경제가 오랫동안 침체의 늪에 빠졌습니다. 공포로 느껴질 만큼 심각한 경기침체가 이어진 이 시기를 '경제 대공황'이라 부릅니다. 어째서 갑작스럽게 주가가 떨어진 것일까요? 제1차 세계대전 이후 미국은 큰 전쟁으로 망가진 유럽 대신 세계 최강국의 지위를 누리고 있었습니다. 전쟁이 끝난 이후 10년 동안 미국의 공업 생산량은 90%나 늘어났습니다. 주식 가격도 크게 치솟았지요. 미국의 중산층이 여유자금을 주식에 대거 투자했기 때문입니다.

그러나 호황 뒤에는 어두운 그림자도 존재했습니다. 자본가나 상류층의 부는 늘어난 반면 노동자나 농민은 풍요를 누리지 못했습니다. 농업기술의 발달로 생산량은 늘어났지만 농산물 가격이 크게 떨어져 농민들에게 돌아가는 몫이 충분치 않았죠. 노동자와 농민들의 구매력이 부족해 시장의 유효수요(효과가 있는 수요라는 뜻으로 상품

경제 대공황 당시 은행에서 돈을 인출하기 위해 몰려든 사람들

을 살 수 있는 능력이 뒷받침된 쓸모 있는 수요를 말한다.)가 부족한 상황이 나타났습니다. 그 와중에 기업은 늘어난 자본의 힘으로, 상품의 공급을 늘렸습니다. 수요가 공급을 따라가지 못하는 상태, 과잉공급으로 기업에는 팔리지 못한 재고가 쌓였습니다. 이러한 과정의 반복으로 기업이 파산하며 실업자가 늘어나는 악순환이 반복되었습니다.

파산한 기업의 빚과 돈을 찾으러 온 사람들로 인해 1929~1933년 사이에 무려 9755개 은행이 문을 닫았습니다.

대공황의 여파는 전 세계로 금세 퍼졌습니다. 당시 미국은 세계 제1의 경제 대국이었고, 전쟁으로 망가진 유럽의 경제 회복을 돕기 위해 투자와 원조를 많이 한 상태였습니다. 그런데 미국인들이 투자하고 지원한 돈을 거두어들이기 시작하자 유럽 경제도 어려워진 것이지요. 경제 대공황은 1930년대 내내 이어지며 전 세계 경제를 어렵게 만들었습니다.

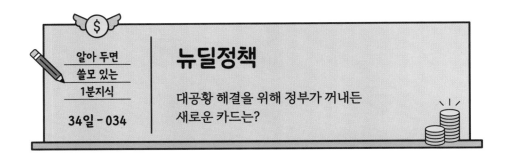

뉴딜정책

대공황 해결을 위해 정부가 꺼내든
새로운 카드는?

1929년 미국에서 시작된 대공황으로 전 세계는 깊은 절망에 빠졌습니다. 이전까지 경제학자들은 시장의 법칙으로 불황을 해결해야 한다고 생각했습니다. 시장의 법칙은 의외로 간단합니다. '그냥 자연스럽게 해결되도록 놓아 두는 것'이지요. 시장에는 보이지 않는 손, 즉 균형을 찾아가는 힘이 있어서 정부가 경제에 굳이 손대지 않아도 자연스레 문제가 해결될 것이라고 생각한 것입니다.

그러나 대공황이 발생하고 몇 년이 지나도 문제는 해결되지 않았습니다. 이에 1932년 대통령 선거에서 당선된 루스벨트Franklin Roosevelt 대통령은 '뉴딜New Deal'이라는 정책을 시작했습니다. 뉴딜은 카드 게임에서 카드를 바꿔 새롭게 친다는 의미입니다. 루스벨트 정부는 경제 분야에서 이제껏 한 번도 보지 못한 카드를 꺼내 들었습니다. 정부가 시장에 적극적으로 개입해, 사람들을 도와주기 시작했습니다. 사람들이 구매력을 갖출 수 있게 도와주면, 소비가 늘어나고 덕분에 기업의 생산도 활발히 이루어지며 일자리가 늘어나는 등 경제가 살아날 가능성이 있었으니까요.

이를 위해 가장 중요하게 시행한 사업 중 하나가 테네시강 유역 개발 사업과 같은 대규모 토목 공사였습니다. 강에 댐을 만들거나 집을 짓고, 공사에 필요한 나무를 베거나 철광석을 만드는 과정에서 수 백만 명의 사람들이 일자리를 얻었고 그 과정에서 소득을 얻을 수 있었습니다. 덕분에 사람들의 소비가 늘어나고 기업은 더 많은 상품을 생산할 수 있었지요.

이뿐만 아니라 루스벨트 정부는 1935년에 사회보장법안을 만들었습니다. 장애인, 노인, 실업자 등 사회적 약자를 돕는 데 핵심이 되는 법으로, 사회적 약자들을 경제적으로 도우면서 그들이 소비를 늘릴 수 있게 해주어 경기를 회복시키려는 의도였습니다.

미국의 제32대 대통령 루스벨트

뉴딜정책은 자본주의의 역사를 새롭게 쓰는 계기가 되었습니다. 그동안 정부의 개입 없이 굴러오던 자유방임 경제에 문제가 있음을 인정하고, 처음으로 국가가 경제 살리기에 발 벗고 나선 사례이기 때문입니다. 뉴딜정책을 실시하면서 미국의 경제는 천천히 제자리를 회복했습니다. 이후 미국뿐 아니라 자본주의를 선택한 대부분의 정부들은 시장경제의 원칙을 지키면서도 필요할 때마다 국가가 경제에 개입하는 혼합경제체제를 따르게 됩니다.

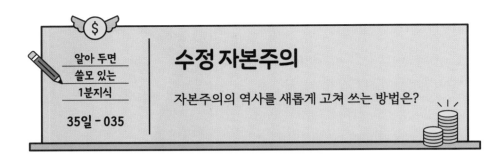

수정 자본주의

자본주의의 역사를 새롭게 고쳐 쓰는 방법은?

복지의 천국이라 불리는 북유럽에 위치한 스웨덴. 스웨덴에서는 아이를 낳으면 열여섯 살이 될 때까지 나라에서 아이를 기르는 데 필요한 돈을 보조해 줍니다. 양육 수당을 주는 것이지요. 또한 아이가 대학에 가면 등록금이 무료일 뿐 아니라 나라에서 책이나 용돈 등 필요한 것을 살 만큼의 금액을 지원합니다. 이런 국가의 이야기를 들으면 '요람에서 무덤까지'라는 말을 실감할 수 있습니다. 한 사람이 태어나서 죽음을 맞이할 때까지 그 삶을 국가에서 책임진다는 복지 정책의 목표를 나타내는 명언이지요. 그런데 국가가 국민의 삶의 질을 높이기 위해 적극적으로 노력해야 한다는 생각은 언제부터 시작되었을까요?

국민의 인권과 삶의 질을 보장해야 한다는 생각이 널리 퍼진 것은 대공황 때부터입니다. 이전까지 시장에 모든 걸 맡겨 놓은 상태에서 빈부격차는 심각해진 상태였습니다. 대공황 직전 미국의 경우 부유한 1%의 사람들이 미국 국내 전체 소득 중 23%를 차지할 정도로 불평등이 심각해진 상태였습니다. 시장을 자유롭게 놓아 둔 상황의 상태에서 경제적 불평등 문제는 눈덩이처럼 커져 갔습니다. 독점기업은 덩치를 불려가며 생산량을 늘렸지만 노동자와 서민층은 상품을 살 만한 수입을 손에 쥐지 못했지요. 이런 문제점이 쌓여 대공황이 터지자 이상한 일이 벌어지기도 했습니다. 기업의 창고 안에는 시장에서 미처 팔리지 못한 빵이 가득 쌓여 있는데, 창고 바깥에는 빵을 살 돈이 없어 굶는 일이 다반사였지요.

요람에서 무덤까지를 표현한 그림

　　대공황이 터지고 뉴딜정책을 실시한 후로, 자본주의를 따르는 나라들은 경기가 출렁거릴 때마다 정부가 시장에 개입해 세금과 이자율 등을 적절히 조절하는 방식을 선택했습니다. 또한 국민들의 최소한의 삶의 질을 보장하기 위해 사회복지제도를 실시했습니다. 사람들의 일자리와 수입이 안정되어야 시장경제도 원활히 굴러가기 때문입니다. 앞서 이야기한 스웨덴의 복지 정책 역시 수정 자본주의 시대가 열리면서 본격적으로 시작된 것이지요.

　　이처럼 시장의 기본이 되는 질서는 그대로 놓아 두고 정부가 자본주의에서 나타나는 문제를 해결하기 위해 필요할 때마다 시장에 개입하는 경제체제를 '수정 자본주의'라고 합니다.

　　수정 자본주의 아래에서는 정부는 하는 일이 많아지기 때문에 그 규모가 예전보다 커졌습니다. 자유방임주의 시대의 정부가 국방이나 치안 등에만 힘쓴 '최소한의 정부'였다면 이제 수정 자본주의 아래에서는 그 외에도 교육, 복지, 경제제도 등 국가 전반의 일을 맡아 하는 '큰 정부', 복지국가의 시대가 열린 셈입니다.

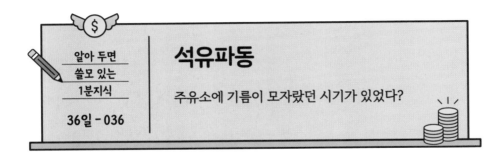

알아 두면
쓸모 있는
1분지식

36일 - 036

석유파동

주유소에 기름이 모자랐던 시기가 있었다?

1970년대 전 세계는 두 차례의 경제적 위기를 맞았습니다. 두 사건 모두 석윳값이 치솟으며 벌어진 일이었지요. 석유는 제2차 세계대전 이후 현재까지 세계에서 가장 많이 쓰이는 에너지 자원입니다. 각종 연료로 쓰일 뿐 아니라 치약이나 옷처럼 일상 생활용품을 만들 때도 중요한 원재료입니다. 1980년대 이전까지 석유자원은 주로 사우디아라비아, 쿠웨이트 등 중동 아랍 국가에서 생산되고 있었습니다. 그런데 1973년 중동에서 이스라엘과 주변 이슬람 국가 사이에 전쟁이 일어났습니다. 미국이 이스라엘을 지원해 주며 대결 구도가 만들어지자, 아랍의 석유 생산국 모임인 석유수출국기구OPEC는 1973년 10월 16일 일방적으로 석유 가격을 1배럴당 3달러 2센트에서 3달러 65센트로 17% 인상한다고 발표했습니다. 석유라는 자원을 하나의 무기처럼 사용하며 자신들의 영향력을 전 세계에 발휘한 것입니다. 다음 해가 되자 실제로 원유 가격은 급격히 치솟아 거의 네 배가 되었습니다. 이처럼 석윳값이 급격히 올라가며 전 세계에 경제적 위기와 혼란이 왔는데, 이 사건을 '석유파동오일쇼크, oil shock'이라 합니다.

원유 가격이 오르자 석유로 만드는 모든 상품의 가격이 일제히 오르면서 전 세계에 심각한 물가상승이 이어졌습니다. 전 세계 곳곳 주유소 앞에 기름을 구하기 위해 차들이 줄을 섰고, 상품 가격이 비싸졌습니다.

고통의 시간이 지나고 제1차 석유파동이 진정된 후, 1978~1980년에 다시 위기

석유파동 당시 미국 주유소의 모습

가 찾아왔습니다. 이란에서 혁명이 일어나 정치적 불안정이 이어졌고, 엎친 데 덮친 격으로 사우디아라비아는 석유 감산(생산량을 줄이는 것)을 결정했습니다. 석유 생산량이 어마어마하게 줄어들며 유가는 1년 사이 세 배까지 올랐습니다. 한국 역시 석유파동의 피해를 고스란히 입었습니다. 특히 제2차 석유파동이 일어난 1980년 당시 우리나라의 경제성장률은 -1.7%까지 떨어졌습니다. 당시 우리나라는 산업 구조를 경공업에서 석유가 많이 필요한 중화학공업 중심으로 바꾸던 시기였기에 더 심각한 피해를 입은 것입니다.

　석유파동으로 물가가 상승하면서 경기까지 나빠지는 상황(스태그플레이션)이 나타났습니다. 정부도 손쓰기 힘든 상황이 되자, 사람들은 의문을 갖기 시작했습니다. '정부가 경제에 손을 대는 것이 과연 옳은 일일까?'라고 말이지요. 경제에 대한 정부의 불필요한 개입을 줄여야 한다는 경제학자들의 목소리도 커졌습니다.

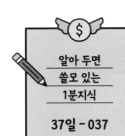

신자유주의

'철의 여인' 대처 총리는
왜 찬사와 비판을 동시에 받을까?

　마거릿 대처Margaret Thatcher는 유럽에서 최초로 여성 총리가 된 인물로, 1979년 당선 이후 연이어 세 번이나 그 자리를 지켰습니다. 대처를 이야기할 때 꼭 붙는 말 중 하나가 '철의 여인'이라는 별명이지요. 강한 지도력으로 이전과는 다른 정치·경제 정책을 실시했기 때문입니다. 그래서 2013년 대처가 사망했을 때 그의 죽음을 애도하는 이들도 많았지만, 한편으로는 과거 그가 실시한 정책이 남긴 사회적 문제를 비판하는 목소리도 들렸습니다. 그녀가 추구한 정책 방향이 어떠했기에 이처럼 찬반이 갈리는 것일까요?

　경제학에서 중요한 논쟁거리 중 하나는 '시장에 국가와 정부가 얼마나 개입하느냐'입니다. 대처가 등장하기 이전까지 영국 및 세계 자본주의 국가들은 수정 자본주의의 흐름에 따라 국가가 경제문제에 적극적으로 개입했습니다. 국민생활에 중요한 전기, 철도, 수도 분야 등은 국가가 운영하는 공기업이 도맡아 운영했고, 국민에게 걷은 세금을 바탕으로 다양한 복지정책을 실시했지요. 그러나 국가의 역할이 커지면서 문제도 생겼습니다. 과도한 복지제도 때문에 돈이 많이 들었고, 국민이 내는 세금이 늘어났습니다. 직장에서 일을 하기보다 나라에서 실업 수당을 받는 편이 낫다고 생각해 의도적으로 일하지 않는 사람도 많았지요. 이러한 복지국가의 부작용을 '복지병'이라고 부르기도 했습니다.

　이러한 시기에 총리가 된 대처는 과감한 정책을 실시했습니다. 경쟁력이 떨어지는 공기업을 민영화하고 사회복지에 드는 지출을 대폭 줄였습니다. 경쟁력이 없다고 여겨지던 탄광 산업을 정리하기도 했습니다. 대처의 이러한 정책은 신자유주의라는 경제학의 흐름에 따른 것이었습니다. '신자유주의'는 말 그대로 새로운新 자유주의, 즉 애덤 스미스Adam smith의 자유방임주의에 가깝게 돌아가자는 주장입니다. 경제 분야에서 정부의 지나친 간섭을 내려놓고, 정부의 무리한 복지정책과 시장에 대한 지나친 개입을 줄여야 경제가 살아난다고 주장했습니다. 신자유주의의 흐름에 따라 대처 정부뿐

1980년대 신자유주의 정책을 주도했던 영국의 대처 총리

아니라 미국의 레이건 대통령 역시 복지 예산을 줄이고, 부자나 대기업의 세금을 줄여 주며 시장의 활발한 움직임을 꾀했습니다.

신자유주의 정책으로 기업 경쟁이 활성화되고, 기업들은 임금과 원료비가 저렴한 해외로의 진출을 서둘렀습니다. 국경을 넘어 자본이나 노동력이 자유롭게 이동하면서 전 세계가 하나의 시장처럼 이어지는 세계화가 빠르게 이루어졌습니다. 그렇지만 자유로운 경쟁이 강조되면서 국가 간·개인 간 빈부격차가 심해졌습니다. 대처 총리의 신자유주의 정책 역시 상위 1%를 위한 정책이며 사회·경제적 불평등을 심각하게 만들었다는 비판을 받습니다. 결국 철의 여인에 대한 찬사와 비판은 신자유주의의 장점과 단점을 드러내는 셈이지요.

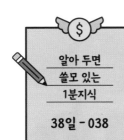

세계 금융위기

금융시장을 덮친
미국 월 스트리트에서 시작된 위기는?

2011년 가을, 월 스트리트에서 시민들이 'Occupy Wall Street(월 스트리트를 점거하라)'라는 구호를 외치며 시위를 진행했습니다. 월 스트리트는 미국의 금융회사와 주식회사가 몰려 있는 세계 금융의 중심 지역입니다. 왜 시민들은 정치적 갈등 지역도 아닌 금융 중심지, 월 스트리트를 점검하자며 거리로 나섰을까요? 시위의 뒷배경에는 세계 금융위기라는 사건이 있었습니다.

'세계 금융위기Financial Crisis of 2007-2009'는 2008년 미국에서 시작되어 전 세계에 영향을 미친 대규모 경기침체와 금융회사의 파산 사태를 말합니다. 2000년대 이후 미국은 경기가 나빠졌을 때 문제를 해결하기 위해 기준금리(국가 전체 이자율의 기준이 되는 금리)를 내렸습니다. 이자율이 낮아져 대출 부담이 줄어들자 사람들은 금융회사에서 돈을 빌려 부동산에 투자를 시작했지요. 이 때문에 부동산 가격이 터무니없이 오르기 시작했고, 여기에 더해 금융회사들은 더 많은 고객을 끌어들이기 위해 신용등급이 낮은 데다 딱히 재산이 없는 저소득층에까지 집을 담보로 돈을 빌려 주었습니다. 심지어 가진 돈이 전혀 없어도 집값의 100% 수준까지 대출을 해주기도 했지요. 이처럼 저소득층에게 집을 담보로 돈을 빌려 주는 상품을 미국에서는 서브프라임 모기지Subprime Mortgageoan Loan이라고 합니다. 서브프라임 모기지 덕분에 2005년 한 해 동안 미국의 집값이 평균 52%까지 급격하게 치솟았습니다.

결국 미국 중앙은행은 문제를 바로잡기 위해 2004년부터 다시 이자율을 올렸고

월 스트리트에서 구제금융정책과 금융회사에 대한 항의 시위를 벌이는 시민들

비싸진 이자로 돈을 갚을 능력이 없던 저소득층은 파산했습니다. 그들에게 빌려 준 돈을 받지 못하게 된 은행과 금융회사 역시 무너지기 시작했지요. 특히 2008년 대형 금융회사였던 리먼 브러더스Lehman Brothers가 무너지며 사태는 걷잡을 수 없이 나빠졌습니다. 뒤이어 다른 투자 은행들도 줄줄이 파산하거나 다른 회사로 넘어갔습니다. 미국 정부는 결국 기업의 파산을 막기 위해 총 7,000억 원의 자금을 지원해 주는 구제금융정책을 실시했습니다. 혼란스러운 와중에도 2009년 한 금융회사는 직원들에게 200억 원이라는 엄청난 보너스를 주어 사회적 비난을 받기도 했습니다. 금융회사의 무책임한 행동과 정부의 무분별한 구제금융정책에 화가 난 시민들이 거리로 나서며 월가를 점령하라는 시위를 벌인 것이지요.

미국의 경기침체와 실업률 상승은 전 세계에 영향을 주었습니다. 미국 주식에 투자한 외국 투자자들과 미국의 투자를 받았던 외국 기업들 역시 큰 피해를 입었습니다. 미국뿐 아니라 유럽과 아시아 등 전 세계의 주가도 하락했습니다. 결국 2007~2009년까지 세계적인 경기불황이 이어졌는데 이를 세계 금융위기라고 부릅니다.

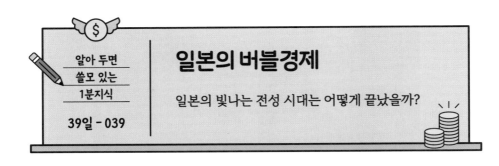

알아 두면
쓸모 있는
1분지식

39일 - 039

일본의 버블경제

일본의 빛나는 전성 시대는 어떻게 끝났을까?

네온사인이 빛나는 일본의 화려한 밤거리를 보여 주는 사진은 놀랍게도 1980년
대의 모습입니다. 사진으로 짐작할 수 있듯 약 40년 전 일본 경제는 장밋빛 시대를
맞고 있었습니다. 무역에서 항상 흑자를 기록해 미국의 견제를 받기도 했지요. 일본
정부는 미국의 견제 때문에 경기가 나빠질까 우려해 중요한 조치를 내립니다. 1985
년 5%였던 금리(이자율)를 1987년 초까지 2.5%로 내린 것이지요. 이자율이 내려가자
기업들은 너도나도 은행에서 돈을 빌려 사업 규모를 늘렸고 다양한 분야에 투자를
시작했습니다. 개인도 대출을 통해 소비와 투자를 늘렸습니다. 덕분에 주가와 부동
산 가격이 상승했습니다. 1987~1990년 사이에 일본의 6대 도시 평균 땅값은 3.7배
로 올랐습니다. 당시 도쿄 번화가 지역의 땅을 전부 팔면 미국 캘리포니아주 전체를
살 수 있다는 얘기가 나올 정도였습니다.

그렇지만 당시 자산 가격 상승은 기술 개발이나 생산 능력의 발전 덕분에 이루어
진 일이 아니었습니다. 맥주를 잔에 따르면 그 위에 거품이 끼듯, 실질적인 경제성장
이 아니라 자산 가격에 거품이 낀 것에 불과했지요. 이처럼 경제가 생산 능력이나 실
물 부분의 성장보다 과대평가되었을 때, 거품이 끼듯 자산 가치가 높아지는 상황을
'버블경제'라고 합니다. 버블경제는 자본주의 역사에서 가끔 일어나는 일입니다. 17
세기 네덜란드에서는 튤립 가격이 집 한 채만큼 비싸졌던 '튤립버블'이라는 사건이
있었고, 2000년대 초반 미국에서는 IT 산업에 대한 전망이 밝아져 관련 주식 가격이

1980년대 일본의 밤거리

엄청나게 오른 '닷컴버블'이 생기기도 했습니다.

그러나 버블은 맥주 거품이 꺼지듯 언젠가는 사라집니다. 부동산과 주식 가격 상
승이 비정상적으로 이루어지자 이를 걱정한 일본 정부는 1989년부터 대출을 규제하
고 금리를 2.5%에서 6%까지 올렸습니다. 그와 동시에 일본 경제는 빠르게 무너졌
습니다. 은행에서 돈을 빌려 자산에 투자했던 사람들은 갚아야 할 대출 이자가 늘어
나자 집과 주식을 팔아 치웠습니다. 1991년 이후 일본의 땅값은 계속 떨어져 주거용
토지의 경우 그 가격이 원래의 50%대까지 추락했습니다. 일본인들은 경기침체에 소
비 역시 줄이기 시작했는데 이는 기업에 치명적인 결과를 불러왔습니다. 대출 이자
가 늘어 안 그래도 어려웠던 기업은 상품이 팔리지 않자 부도가 났고, 사람들은 일자
리를 잃었습니다. 이처럼 거품 경제가 꺼지면서 일본에는 10년 이상 이어지는 기나
긴 경기침체가 시작되었습니다. 1991년부터 2001년까지 이어진 일본의 장기 불황
시기를 '잃어버린 10년'이라 일컫기도 합니다.

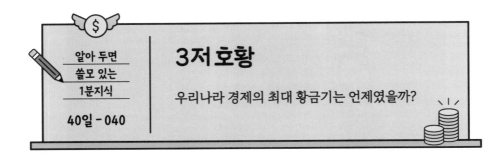

3저 호황

우리나라 경제의 최대 황금기는 언제였을까?

"근검절약의 일벌레 한국이 소비 풍조로 치닫고 있다."

1989년 미국의 《워싱턴 포스트The Washington Post》지는 한국의 경제 상황을 이처럼 묘사했습니다. 당시 우리나라 경제는 '단군 이래 최대의 호황'이라 불릴 정도로 상황이 좋았습니다. 100만 대의 자동차가 보급되며 '마이카' 시대가 열렸고, 처음으로 컬러 TV가 많은 가정에 보급되기 시작했습니다. 어떻게 이런 호황기가 우리나라에 찾아왔을까요?

1980년대 초만 해도 우리나라의 경제 상황은 좋지 않았습니다. 중동산 석유 가격이 올라 경제에 큰 타격을 받았기 때문이었죠. 석윳값이 올라가니 물가가 높아졌고, 이 때문에 우리나라 상품도 비싸져 무역적자를 기록했습니다. 그러나 1980년대 중반 이후부터 반전이 일어났습니다. 세계적으로 저달러, 저유가, 저금리라는 3저低의 분위기가 나타났기 때문입니다.

1980년대 미국 역시 석유 가격이 올라 여러모로 어려움을 겪고 있었습니다. 게다가 일본이라는 강력한 수출 라이벌이 등장해 무역적자도 심각했지요. 이에 미국은 여러 나라와 합의해 플라자합의(Plaza Accord, 1985)라는 조치를 취합니다. 일본 엔화의 가치를 높이고, 미국 달러화의 가치를 상대적으로 낮추는 것(저달러)이 주요 내용이었습니다. 일본에서 미국으로 수입되는 상품의 가격을 올려 라이벌인 일본을 견제하려

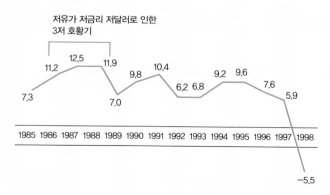

경제성장률 추이

저유가 저금리 저달러로 인한
3저 호황기

7.3 11.2 12.5 11.9 7.0 9.8 10.4 6.2 6.8 9.2 9.6 7.6 5.9

1985 1986 1987 1988 1989 1990 1991 1992 1993 1994 1995 1996 1997 1998

−5.5

3저 호황 당시 경제성장률 변화를 나타낸 그래프. 10%가 넘는 경제성장률을 기록했다.

고 한 것입니다. 일본 엔화가 비싸지며 상대적으로 저렴한 우리나라의 상품이 해외
에서 인기를 끌었습니다. 그 덕분에 무역에서 흑자를 기록할 수 있었지요.

더불어 저유가 분위기도 형성되었습니다. 석유파동에 충격을 받은 여러 나라는
중동산 석유 의존도를 낮추려 노력했고 덕분에 알래스카, 북해 등에서 새로운 유전
이 개발되었습니다. 생산지가 많아지면서 전 세계 석유 공급이 늘어나 석유 가격이
떨어졌고, 우리나라처럼 석유를 소비하는 나라에는 큰 도움이 되었습니다. 석유로
만드는 상품의 생산비가 떨어지니 그동안 올라가던 물가도 안정되었지요. 유가가 떨
어지자 여유가 생긴 한국 정부는 금리를 낮췄습니다(저금리). 금리가 내려가면 사람들
은 저축을 줄이고 소비를 늘립니다. 덕분에 시중에 돈이 활발히 돌아 경제가 활기를
띠었습니다.

3저 호황의 분위기 속에서 우리나라의 국내총생산은 매년 10% 이상 증가했습니
다. 다시 돌아오기 힘든 풍요의 시기가 찾아온 것입니다.

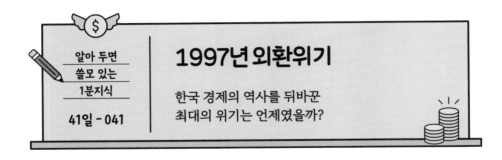

1997년 외환위기

한국 경제의 역사를 뒤바꾼
최대의 위기는 언제였을까?

1997년 11월 22일, 청천벽력 같은 소식이 전해졌습니다. 우리나라의 경제 부총리가 세계 경제 안정을 위해 일하는 국제기구인 IMF(국제통화기금)에 자금을 빌려 달라고 요청했다는 이야기였습니다. 청천벽력같은 소식에 국민은 깜짝 놀랐습니다.

'1997년 외환위기'는 우리나라 경제 역사상 최대의 위기였습니다. 정부가 IMF에 구제금융(국민경제에 심각한 악영향을 미칠 수 있다고 판단되면 기업이나 국가에 자금을 빌려 주는 것)을 신청해 도움을 받았기 때문에 'IMF 외환위기'라 부르기도 합니다. IMF에 지원을 요청할 당시 우리나라가 외국에 진 빚은 1,500억 달러가 넘었는데, 외환보유고(비상시에 대비해 갖고 있는 외환보유액)에 있는 외화는 채 40억 달러도 되지 않았습니다. 1980~1990년대 초까지 눈부신 발전을 이어가던 한국은 어째서 이런 위기에 빠졌을까요?

당시 한국의 많은 기업은 문어발식으로 사업을 늘리며 몸집을 불리기 위한 사업을 펼쳤습니다. 자연스럽게 해외에 많은 빚을 지고 있었지요. 정치권과 기업이 부정한 방법으로 기업에 과도한 대출이나 투자를 부추기기도 했습니다. 은행이나 투자회사가 해외에서 자금을 1년 이하의 짧은 기간으로 빌려 온 다음, 기업에 높은 금리를 받고 대출을 해주었습니다.

그런 와중 1997년 여름 이후, 태국과 인도네시아 등 아시아 국가들의 경제 상황이 줄줄이 나빠졌고 한국도 영향을 받기 시작했습니다. 위기의 조짐이 보이자 외국의 금융회사는 우리나라에 빌려주었던 돈을 빼서 나가기 시작했습니다. 이런 악조건이 이어지며 1997년 11월에 외환보유액이 바닥났고, 심각한 위기 속에서 IMF 외환위기가 찾아왔습니다.

IMF 로고 그림

IMF는 자금을 빌려주는 대신 우리나라의 자본시장을 개방하고 기업의 구조를 바꾸라고 요구했습니다. 또한 금리를 올릴 것을 요청했지요. 대출 금리가 오르자 IMF 체제가 시작된 1997년 12월 한 달 동안 서울 지역에서만 무려 1226개의 기업이 부도를 내며 쓰러졌습니다. IMF 구제금융을 받는 동안 우리나라에서 가장 큰 대기업 30개 중 17개가 무너질 정도였으니 얼마나 심각한 상황이었는지 짐작할 수 있습니다. 살아남은 기업들도 각종 퇴직제도로 직원을 대규모 해고하며 인력을 줄였고 실업자 숫자도 늘어났습니다.

민간에서는 국민이 가지고 있는 달러를 은행에 예금하거나 금 모으기 운동을 하며 힘을 합쳤습니다. 뼈를 깎는 노력으로 한국은 외환위기의 그림자에서 점차 벗어나기 시작했습니다. 2000년 12월에 마침내 외환위기로부터 완전히 벗어났다는 대통령의 공식 발표가 있었고, 2001년 8월에는 IMF에서 빌린 195억 달러를 전액 조기 상환하면서 마침내 IMF 체제에서 졸업했지요.

우리나라는 예상보다 빠르게 외환위기를 벗어났지만 그 후유증도 컸습니다. 많은 회사가 문을 닫거나 외국 기업에 넘어가면서 실업자가 크게 늘어났습니다. 또한 비정규직 노동자가 크게 늘어났고, 노동자를 해고하는 게 쉬워지면서 고용 안정이 떨어졌습니다. 해고가 쉬워지고 정규직 대신 비정규직 노동자가 크게 늘어나며 고용이 불안정해졌고, 이 과정에서 중산층이라 불리던 사람들이 경제적으로 무너졌지요. 이처럼 IMF는 한국 사회의 양극화와 빈부격차가 심각해지는 문제를 낳았습니다.

어두운 미래를 다룬
디스토피아 영화가 많은 이유는?
_4차 산업혁명과 미래

미래 이야기를 다루는 2013년 영화 〈엘리시움〉. 상위 1%의 부자들은 피폐해진 지구를 버리고 아름다운 우주 도시 엘리시움으로 옮겨가 살고, 지구에 남은 빈민층은 지저분한 환경 속에서 비참한 삶을 살아간다. 백혈병이나 암, 심각한 부상까지 고칠 수 있는 메디컬 머신이 존재하지만, 이 과학기술을 누릴 수 있는 건 엘리시움에 사는 엘리트 계층뿐이다. 영화를 감상하다 보면 자연스레 궁금증이 생긴다. 우리가 맞이할 미래가 정말 영화와 같을까?

과학기술의 발달은 우리의 삶을 바꾸고 있는 중이다. 3D 프린터로 제작된 차량이 생산되고, 인체 삽입형 휴대폰이 등장하고, 미국의 도로를 달리는 차량의 10%가 자율주행 자동차가 되는 세상. 공상과학 소설 속 이야기가 아니다. 세계경제포럼이 전문가들을 대상으로 조사한 후, 2025년 정도에 일어날 변화를 예측한 내용이다. 특히 4차 산업혁명을 통해 인공지능과 로봇이 발달하고 사물까지 인터넷으로 연결되면서 인간은 노동의 괴로움에서 벗어날 가능성이 높다. 그럼에도 〈엘리시움〉처럼 미래사회에 심각해질 빈부격차와 계급문제 등을 다룬 디스토피아 영화가 많다. 과학기술의 발달은 동전의 양면처럼 부작용을 가져올 것이라는 예측이 존재하기 때문이다.

4차 산업혁명의 진행으로 예측되는 가장 심각한 문제는 일자리 감소다. 인공지능과 로봇 때문에 단순 노동직뿐 아니라 전문직 일자리까지도 사라질 가능성이 높다. 텔레마케터, 스포츠 심판, 회계사, 택시 기사, 회계사, 약사, 세무사 등의 직업이 곧 사라질 것으로 보인다. 사람들이 일자리를 잃으면 소득도 줄어든다. 특히 사무직이나 관리직 등이 사라지면서 중산층이 줄어들 가능성이 크다. 물론 몇 안 되는

공장에서 일하는 산업용 로봇

소수의 데이터 전문가나 인공지능 설계자 등은 많은 돈을 벌겠지만 이들은 어디까지나 소수다. 사회는 소수 전문가 상위층과 저숙련 노동자로 이루어진 대다수 하위층으로 나뉠 가능성이 높다. 과학기술의 발전이 가져올 빈부격차와 양극화 문제. 디스토피아 영화가 다루는 미래는 이런 문제가 심각해졌을 때 나타날 수 있는 풍경이다. 어두운 미래를 현실로 만들지 않기 위해 AI나 인공지능의 발달이 가져올 부작용을 예측하고, 일자리 감소나 양극화에 대한 구체적인 대책이 필요한 시점이다.

코로나19 이후 정부에서는
왜 재난지원금을 주었을까?
_재난지원금이 경제에 미치는 영향

조선 시대의 성군으로 불리는 세종대왕. 세종대왕이 왕으로 있었던 1434~1435
년 사이에 함경도에 큰 전염병이 돌았다. 전염병으로 3000명 이상이 사망했다는 보
고를 받은 왕은 백성들에게 면포 5000필을 급히 나눠 주었다. 세종대왕의 특별한 일
화가 아니더라도 조선 시대에는 전염병이나 흉년, 자연재해가 발생했을 때 국민을
돕는 제도가 있었다. 재난으로 살림이 어려워진 백성들의 세금을 줄여 주는 견감蠲減
이라는 제도였다.

비슷한 정책이 21세기에도 등장했다. 2020년, 코로나19로 인해 국민들의 삶이
어려워지자 대한민국 정부는 긴급재난지원금을 주기로 결정했다. 정부는 전 국민에
게 1차 재난지원금을 지급하는 데 약 14조 원 가량을 썼다.

조선 시대의 견감 제도처럼 국민을 돕는다는 '베풂'의 의도로 정부가 재난지원금
을 지급하는 것일까? 물론 재난지원금에는 코로나로 생계가 어려워진 국민을 돕겠
다는 의지가 숨어 있다. 그러나 재난지원금을 주는 가장 근본적인 이유는 경기를 살
리기 위해서다.

예를 들어 코로나19로 인해 학원에 가지 못하는 학생이 늘어나면 학원을 운영하
는 이들이 어려워지고, 손님이 줄어들 경우 시장에서 일하는 상인들의 소득이 줄어

든다. 자영업자들의 수입이 감소하면, 이들의 소비도 줄면서 기업의 상품이 팔리지 않게 되고 상품을 만들어 파는 기업에게도 타격이 온다. 즉 소비가 줄어들게 되면 모든 산업에 줄지어 나쁜 영향을 끼쳐 국가의 경제 사정이

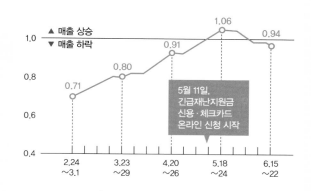

긴급재난지원금을 나눠 준 이후 소상공인 매출 변화를 알려 주는 그래프. 소상공인의 매출이 늘었음을 알 수 있다.

금세 나빠질 수 있다. 소비를 먼저 늘려야 나라 경제도 살아날 가능성이 커지기에 국가는 재난지원금을 지급하는 정책을 실시했다. 우리나라뿐 아니라 다른 나라도 비슷한 정책을 실시했다. 미국은 2020년 성인에게 최대 1,200달러, 일본은 1인당 10만엔(약 100만 원)등을 국민에게 재난지원금으로 나누어 준 바 있다.

재난지원금은 소비를 늘려 경기를 살렸을까? 재난지원금을 지급 후 그 사용처인 소상공인들의 매출이 늘어나고, 1차 재난지원금이 소비를 30% 정도 늘렸다는 결과가 나오기도 했다. 그러나 나머지 70%는 빚을 갚거나 저축을 해서 그 효과가 충분치 않았다고 해석하는 이들도 많다. 전 국민을 대상으로 줄 필요가 없다는 이야기도 나왔다. 2차~5차 국가재난지원금은 소득이나 업종을 기준으로 골라내 도와준 것도 이러한 이유 때문이다. 재난지원금의 대상이나 효과에 대한 협의가 앞으로 꾸준히 이루어질 필요가 있다.

4장
경제학자

- ☑ 애덤 스미스
- ☐ 데이비드 리카도
- ☐ 장 바티스트 세
- ☐ 토머스 맬서스
- ☐ 앨프리드 마셜
- ☐ 카를 마르크스
- ☐ 소스타인 베블런
- ☐ 존 메이너드 케인스
- ☐ 조지프 슘페터
- ☐ 폴 새뮤얼슨
- ☐ 로널드 코스
- ☐ 프리드리히 하이에크
- ☐ 조지 애컬로프
- ☐ 토마 피케티

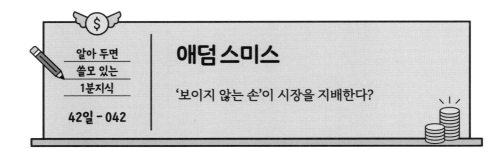

애덤 스미스

'보이지 않는 손'이 시장을 지배한다?

모든 예술과 학문에는 그 분야의 기초를 다지고 체계를 만든 위인이 있습니다. 음악의 아버지 바흐Johann Sebastian Bach, 의학의 아버지 히포크라테스Hippocrates가 있듯, 경제학에도 경제학의 아버지라 불리는 인물이 존재합니다. '보이지 않는 손'을 이야기한 경제학자, 애덤 스미스가 그 주인공입니다.

애덤 스미스는 원래 영국의 도덕 철학자였습니다. 글래스고대학교 논리학과 도덕철학 교수로 임명되어 학생들을 가르쳤지요. 그가 경제학의 아버지로 불리는 이유는 최초의 근대적 경제학 저서, 『국부론The Wealth of Nation』을 남겼기 때문입니다. 이 책에서 한 나라가 어떻게 부副를 쌓을 수 있는지 이야기합니다.

애덤 스미스는 국가의 부를 늘리기 위해 경제활동의 자유를 강조합니다. 그가 살던 당시 국가는 중상주의 사상(16~18세기 국가 전체가 부를 늘리기 위해 정부가 무역보호주의를 실시해야 한다는 이론과 정책) 아래 기업의 생산활동이나 다른 나라와의 무역을 적극적으로 간섭하던 때였지요. 애덤 스미스는 이에 반대하며 국가의 간섭 없이도 사람들의 자유로운 경제활동을 통해 부국富國이 될 수 있다고 주장했습니다.

스미스에 따르면 인간은 '자신의 이익을 위해 움직이는 이기심을 가진 존재'입니다. 보통 이기심이라고 하면 부정적인 의미로 받아들이기 쉬운데, 그는 이기심을 나쁜 것으로 보지 않았습니다. 이기심을 채우기 위해 사람들이 열정적으로 경제활동을 하면 이것이 사회 전체의 이익으로 이어질 수 있다고 보았기 때문입니다.

그리고 경제의 방향을 조정하는 힘을 '보이지 않는 손'이라 불렀습니다. 다음은 애덤 스미스가 『국부론』에서 '보이지 않는 손'을 표현한 부분입니다.

애덤 스미스

"우리가 저녁 식사를 할 수 있는 건 푸줏간 주인, 양조업자, 제빵업자의 박애심 덕분이 아니다. 오히려 돈벌이에 대한 그들의 관심 덕분이다."

그가 말한 '보이지 않는 손'이란 무엇일까요? 시장가격입니다. 시장가격은 힘 있는 누군가가 강제로 정하는 것이 아니라 시장에서 수많은 생산자와 소비자가 만나 거래를 하며 자연스럽게 만들어집니다. 사람들이 자신의 이익을 추구하며 경쟁하는 가운데 시장가격이 형성됩니다. 이 시장가격은 가장 필요한 사람에게 적절한 양의 상품을 나누어 주는 기능을 하고, 상품을 파는 사람에게도 이득을 안겨 줍니다. 자원을 가장 필요한 곳에 가장 적절한 가격으로 배분하는 셈이지요.

애덤 스미스의 생각은 산업혁명 이후 자유시장경제체제를 이끄는 중요한 사상으로 자리 잡았습니다. 가끔 이기심만을 강조했다는 오해를 받기도 하지만, 사실 그는 『국부론』에서 끝없는 이기심과 경쟁을 강조하지 않았습니다. 그가 중점을 둔 것은 경제활동의 자유였습니다. 애덤 스미스는 '경제적 이기심은 사회의 도덕적인 한계 안에서만 허용'된다고 분명한 제한을 두었습니다. 도덕적인 책임의 틀 안에서 자유로운 이기심을 추구해야 한다고 주장했던 것이지요.

데이비드 리카도

나라 간 무역은 왜 모두에게 이득이 될까?

데이비드 리카도David Ricardo는 영국의 경제학자입니다. 아버지의 가업을 이어받기 위해 열네 살부터 주식중개소에서 일하며 스스로 경제 원리를 익혔습니다. 주식 투자를 통해 큰 부자가 되어 47세에 은퇴한 인물이기도 하지요. 일찍이 성공한 리카도는 어느 날 우연히 애덤 스미스의 『국부론』을 읽고 감명을 받아, 스물일곱 살 때부터 독학으로 경제학 공부를 시작했습니다. 그리고 이후 경제 관련 논문이나 기사를 쓰면서 명성을 얻기 시작합니다.

당시 영국의 경제학자들 사이에는 곡물 수입에 세금을 매겨야 할지에 대한 논란이 있었습니다. 리카도는 세금을 매기지 말고 자유로운 곡물 수입을 허용해야 한다는 편에 섰지요.

그는 왜 이런 주장을 펼쳤을까요? 자유로운 무역이 모두에게 이득이 되리라 생각했기 때문입니다. 일찍이 애덤 스미스는 무역에 대해 다음과 같이 이야기했습니다. "각 국가가 가장 적은 비용으로 잘 만들 수 있는 것만 생산해 서로 교환하면 모두에게 이익이 된다." 애덤 스미스의 이론을 절대우위론이라 합니다. 이 이론대로라면 무엇이든 싸게 잘 만드는 나라는 다른 나라와 무역을 할 필요가 없습니다. 만약 호주가 한국에 비해 쌀과 소고기를 모두 저렴하게 잘 만든다면, 호주의 입장에서는 한국과 무역을 해도 이득이 없습니다. 이 경우 무역의 필요성이 없지요.

그러나 리카도는 애덤 스미스의 절대우위론을 뒤집는 '비교우위론'을 내놓습니다. 이 이론을 축구 선수 손흥민의 이야 기로 비유해 설명해 볼까요. 만약 손흥 민 선수가 자신의 매니저보다 축구와 운 전 두 가지를 모두 잘 한다고 가정해 봅시 다. 절대우위론에 따르면 손흥민 선수는 축구와 운전을 모두 잘 하니, 직접 운전을 하고 경기장으로 가 축구 경기를 뛰어야 합니다. 그러나 리카도의 비교우위론에 따르면 손흥민 선수는 운전과 축구 두 가 지 일 중 자신이 상대적으로 더 잘하는 축 구를 뛰고, 매니저는 상대적으로 더 잘 하

비교우위론을 이야기한 데이비드 리카도

는 운전에 집중하는 게 서로에게 이득이 됩니다.

무역도 마찬가지입니다. 호주가 쌀과 쇠고기를 한국보다 더 싸게 만들 수 있다 해도, 자신이 만들 수 있는 두 가지 상품 중 상대적으로 소고기를 더 저렴하게 많이 만들 수 있다면, 소고기만 생산하는 게 낫습니다. 반면 한국은 두 가지 상품 중 상대 적 우위가 있는 쌀만 집중 생산하면 되겠지요. 이후 한국은 쌀을, 호주는 소고기를 교환하고 거래하면, 두 나라 모두 예전보다 더 많은 상품을 얻을 수 있어 이득이 된 다는 이야기입니다.

이처럼 한 국가가 다른 국가에 비해 상대적으로 더 적은 비용으로 만들 수 있는 상품에 우위를 가지는 것을 비교우위라 부릅니다. 각 국가는 비교우위가 있는 상품 만 전문적으로 생산하면 되는데, 이를 특화라고 합니다. 리카도는 비교우위가 있는 상품을 특화해 생산한 다음 국가 간에 교역을 하면 양국 모두에 도움이 된다고 이야 기했습니다. 그는 비교우위론을 통해 자유무역의 장점과 무역의 발생 원인을 논리적 으로 설명했습니다.

장 바티스트 세

공급이 먼저일까, 수요가 먼저일까?

'닭이 먼저일까, 달걀이 먼저일까?' 한마디로 답하기 어려운 질문이지요. 경제학에도 이만큼이나 답하기 어려운 질문이 있습니다. '공급이 먼저일까, 수요가 먼저일까?'라는 물음입니다. 오랫동안 많은 경제학자와 사상가가 이 문제를 놓고 각기 다른 의견을 내놓았습니다. 이 논쟁에서 분명하게 자신의 목소리를 낸 학자가 있습니다. '세의 법칙'으로 유명한 프랑스의 경제학자 장 바티스트 세Jean-Baptiste Say입니다.

장 바티스트 세는 프랑스 리옹의 상인 집안에서 태어났습니다. 보험회사와 잡지사에서 일한 적도 있지요. 애덤 스미스의『국부론』을 읽고 경제학에 관심을 갖게 됩니다. 이후 그는 애덤 스미스처럼 시장에 대한 정부의 간섭을 없애야 상품 소비가 늘어나고 불평등이나 빈곤도 없앨 수 있다고 주장하는 경제학자가 되었습니다.

세의 이론 중에서는 '공급이 스스로 수요를 창출한다'로 알려진 세의 법칙이 유명합니다. 그동안 답하기 힘들었던 질문에 그는 '공급이 먼저다!'라는 생각을 당당히 외친 셈이지요.

공급이 스스로 수요를 창출한다는 말을 뜯어 보면 다음과 같습니다. 만약 농부가 쌀을 재배해서 팔면(공급), 농부와 그 가족은 수입을 얻습니다. 이 수입으로 그들은 다른 분야의 상품, 즉 옷이나 가전제품, 음식을 살 수 있습니다. 상품의 수요가 늘어나면서 경제가 활기를 띱니다. 가장 먼저 농부가 농사를 지어야 수입이 생기고, 덕분에 수요가 만들어지는 셈이지요. 즉 세의 법칙은 일단 공급이 존재해야 시장 전체의 수요가 만들어진다는 이론입니다. 국가가 경제성장을 이루려면 먼저 공급을 늘리려 노력해야 한다고 주장한 것입니다.

장 바티스트 세

현대에 와서 세의 주장은 비판을 받기도 합니다. 세가 살던 시대에는 화폐의 가치가 안정되지 않아서 사람들이 저축을 하지 않고 벌어들인 돈을 대부분 소비하는 데 썼습니다. 그러나 요즘에는 사람들이 돈을 버는 대로 쓰지 않고 예금이나 주식 등에 저축하고 남겨 둡니다. 이 때문에 공급이 늘어도 그만큼 수요가 따라오지 않는 상황이 벌어지지요. 특히 1930년대 전 세계에 경제 대공황이 일어나면서 세의 법칙은 반박을 받았습니다. 공급은 넘칠 만큼 이루어졌지만 사회 전체의 수요가 이를 따라오지 못해 경기가 나빠졌기 때문입니다.

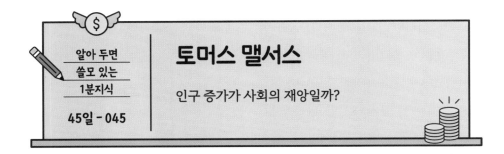

토머스 맬서스

인구 증가가 사회의 재앙일까?

산업혁명은 인류의 삶을 크게 바꿔 놓았습니다. 공업 생산량뿐 아니라 농업 생산량이 크게 늘었고, 과학기술이 발전하며 사람들의 수명이 길어졌습니다. 생산량이 늘고 수명이 증가하자 인구는 폭발적으로 늘어났습니다. 산업혁명이 활발히 이루어지던 19세기 유럽은 인구가 두 배 이상, 영국 인구는 세 배 이상 증가했지요.

당시 사람들은 인구 증가를 긍정적인 현상으로 여겼습니다. 노동력이 늘어나는 만큼 세상이 풍요로워지리라 생각했기 때문입니다. 그런데 이러한 의견에 반기를 들며 '인구 증가는 재앙'이라고 이야기한 학자가 있었습니다. 토머스 맬서스Thomas Robert Malthus라는 인물이었습니다.

맬서스는 영국에서 태어난 정치·경제학자이자 인구통계학자입니다. 그는 1798년 「인구론An Essay on the Principle of Population」을 발표해 주목을 받았습니다. 이 논문에서 맬서스는 인구 증가가 재앙을 불러올 것이라 주장했습니다. 그는 미국의 인구 관련 통계자료를 근거로 다음과 같이 말했습니다.

"인류는 1, 2, 4, 8, 16, 32, 64, 128, 256, 512이라는 식으로 늘어날 것이고, 식량은 1, 2, 3, 4, 5, 6, 7, 8, 9, 10이라는 식으로 늘어날 것이다. 따라서 225년 후에는 인구와 식량의 비는 512대 10이 될 것이고……"

무슨 의미일까요? 인구는 25년마다 두 배씩 엄청난 속도로 늘어나지만 식량 생산량은 그에 비해 매우 천천히 늘어난다는 의미입니다. 즉 시간이 지날수록 인구에 비해 인구를 감당할 식량이 부족해질 거라는 예언이었지요.

토머스 맬서스

맬서스는 인구 증가로 나타날 재앙을 막기 위해 무시무시한 해결책을 내놓기도 했습니다. 가난한 사람들을 굳이 도우려 하지 말고 굶어 죽게 내버려 두는 편이 낫다는 주장이었습니다. 전염병이나 기아를 굳이 퇴치하지 말고 병든 사람은 죽도록 내버려 두어야 인구의 폭발적인 증가를 막을 수 있다는 논리였습니다.

맬서스의 불길한 예언은 영국을 들썩이게 했습니다. 빈민을 돕지 말자는 그를 매정한 사람으로 비판하는 이들도 존재했지만 정치가와 상류층 가운데는 맬서스의 의견에 찬성하는 사람도 많았습니다. 실제 영국의 수상 피트William Pitt the Younger는 맬서스의 의견을 받아들여 빈민 구호의 규모를 줄이기도 했습니다. 맬서스의 불길한 예언은 과연 들어맞았을까요? 맬서스는 식량이 산술적으로 증가한다고 이야기한 바 있습니다. 그러나 20세기 이후 농업기술이 엄청나게 발달하면서 농업 생산량이 기하급수적으로 늘었습니다. 이뿐만 아니라 도시에 사는 사람들이 양육 부담 때문에 아이를 적게 낳고, 피임 기술이 발달하면서 선진국은 인구가 폭발적으로 늘어나지 않았습니다. 다행히도 그의 예언 중 많은 부분이 틀렸음이 입증되었지요.

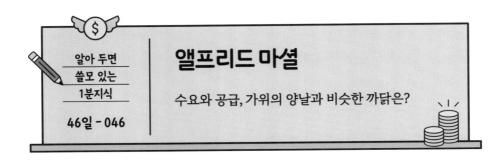

앨프리드 마셜

수요와 공급, 가위의 양날과 비슷한 까닭은?

'냉철한 머리와 뜨거운 가슴'이라는 말을 들어 본 적 있나요? 이 말을 남긴 인물은 앨프리드 마셜Alfred Marshal이라는 경제학자입니다. 마셜은 『경제학 원리Principles of Economics』이라는 책을 써서 경제학이라는 학문을 체계적으로 정리한 학자입니다.

마셜 이전까지 경제학은 '정치경제학'이라 불렸습니다. 경제학자들은 무역이나 국가의 통치 방법 등 정치·사회 문제를 해결하기 위해 경제학을 연구했습니다. 그러나 마셜이 경제학의 구조를 새롭게 세우면서부터 경제학은 '정치'라는 이름표를 떼고, 경제를 구성하는 가계나 기업의 행동을 수학적으로 분석하고 예측하는 데 힘쓰기 시작했지요. 특히 그가 처음으로 해낸 일 중 하나가 '수요·공급 그래프'를 만들어 낸 것입니다. 그는 시장에서 수요와 공급이 만나 양쪽의 균형으로 가격이 결정된다는 사실을 그래프를 통해 설명했습니다.

오랜 시간 경제학자들은 '수요'와 '공급' 중 무엇이 상품의 가치를 결정하느냐를 놓고 논쟁을 거듭했지요. 마셜 이전까지 많은 경제학자는 상품을 만드는 데 사용된 노동 시간이 상품의 가치를 결정한다는 생각을 했습니다. 그러나 마셜은 경제학은 철학이나 윤리학과 달리 눈앞의 구체적인 현실을 다루어야 한다고 주장했습니다. '가치'라는 추상적인 개념보다 숫자로 나타낼 수 있는 '상품의 가격'을 따져야 한다고 이야기했지요. 그에 따르면 소비자는 효용(상품을 사용하면서 느끼는 주관적 만족감)이 가장 높은 상품을 삽니다. 반면 기업은 한정된 자원을 바탕으로 이윤을 최대로 얻기 위해

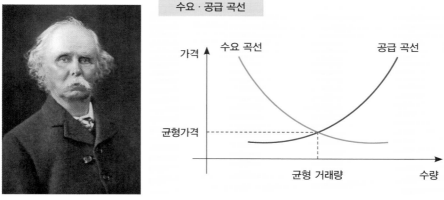

수요 · 공급 곡선

앨프레드 마셜(좌)
마셜이 고안한 수요·공급 곡선. 가위의 양날이 만나 종이를 자르듯, 수요와 공급이 만나 균형가격이 결정된다.(우)

상품을 만들지요. 이러한 가계와 기업의 욕구가 수요와 공급으로 시장에서 만나 '상품의 가격'이 결정된다고 이야기했습니다. 그는 이 과정을 수요·공급 그래프로 나타냈습니다. 마치 가위의 양날이 만나서 종이를 자르듯 수요와 공급이 만나면서 가격이 결정된다고 말하기도 했습니다. 수요와 공급 중 어느 한쪽이 중요한 것이 아니라 양쪽이 만나야 가격이 결정된다는 생각이었지요.

이처럼 마셜은 수학, 과학처럼 현상을 체계적으로 분석하고 일반적인 법칙을 찾아내는 경제학을 성립시켰습니다. 그리고 경제를 구성하는 가계나 기업의 선택을 분석하는 데 중심을 두는 경제학의 분야를 '미세한 현상을 연구'한다 하여 '미시경제학'이라 부릅니다.

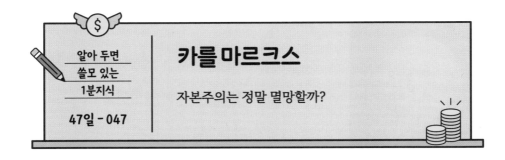

카를 마르크스

자본주의는 정말 멸망할까?

어느 순간부터 사람들이 '금수저, 은수저, 흙수저'라는 말을 하기 시작했습니다. 자본주의 사회에는 소득과 자산에 따른 계급이 생기곤 합니다. 또 그 계급은 부모 세대에서 자녀 세대로 대물림되기 쉽습니다. 이런 현상을 풍자하면서 '수저론'이 등장하기 훨씬 이전, 계급 문제를 언급하며 자본주의 사회의 문제점을 지적한 학자가 있습니다. 카를 마르크스Karl Marx라는 인물입니다.

카를 마르크스는 독일의 위대한 경제학자이자 철학자입니다. 변호사 아버지 아래에서 태어나 철학을 전공한 그는 기득권층을 비판하고 공산주의 혁명을 부추겼다는 이유로 독일과 파리에서 쫓겨난 후, 영국 런던으로 이주합니다. 산업 자본주의가 시작된 영국의 모습을 연구하며 마르크스는 유명한 저서를 남겼는데, 이것이 『자본론Das Kapital』이라는 책이었습니다.

마르크스는 빈부격차와 노동문제 등 자본주의 사회의 문제점이 왜 나타났는지 『자본론』을 통해 체계적으로 설명했습니다. 그에 따르면 자본주의 사회에서는 토지나 자본 등 생산수단을 가졌느냐에 따라 사회계급을 자본가 계급과 노동자 계급으로 나눕니다. 자본가 계급은 부르주아bourgeois로 불리며 공장을 운영하여 점점 더 큰 부자가 되어 갑니다. 반면 노동자 계급은 프롤레타리아proletarier라 불리며 자본가 계급이 소유한 공장에서 임금을 받으며 생활합니다.

자본가는 노동자에게 일한 만큼의 정당한 몫을 주지 않습니다. 임금노동자가 겨우 먹고살 만큼의 몫만 나누어 주고 나머지는 모두 자본가의 몫으로 돌아가는데, 이를 잉여가치라고 합니다. 이 잉여가치를 쌓아가며 자본가는 점차 더 많은 부를 쌓고 임금노동자는 가난해져가며 사회의 빈부격차가 심각해집니다.

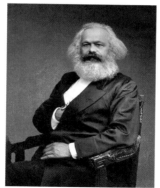

카를 마르크스의 모습

마르크스가 쓴 『자본론』의 표지

　가난해진 임금노동자의 불만은 점점 깊어지고, 결국 노동자 계급이 혁명을 일으켜 노동자들이 중심이 되는 시대, 공산주의共産主義 사회가 올 것이라 예언했습니다. 공산주의는 모든 노동자가 생산수단을 공동으로 소유하고, 경제활동을 통해 얻은 것 역시 공동으로 분배하는 사회입니다. 공산주의 사회로의 변화는 너무 급격한 것이라, 마르크스는 그 중간 단계도 제시했습니다. 노동자의 대표인 공산당이 생산수단을 소유하고 국가가 경제활동을 계획하고 관리하는 사회가 올 것이라 보았는데 이를 사회주의라 부릅니다.

　마르크스의 예언은 들어맞았을까요? 1917년 실제 러시아에서 사회주의 혁명이 일어나 소비에트 사회주의 연방 공화국(소련)이라는 국가가 들어섰습니다. 비록 이 사회주의 국가는 여러 가지 문제점으로 인해 1990년대에 사라졌지만, 아직 북한이나 베트남 등 사회주의를 기본 원칙으로 삼는 국가들이 남아 있습니다. 자본주의가 결국 멸망할 것이라는 마르크스의 예언은 완벽히 맞아떨어지지 않았지만, 그가 지적한 자본주의의 문제점은 아직 현실에 남아 있습니다. 마르크스의 사상이 지금도 중요하게 여겨지는 이유입니다.

소스타인 베블런

사람들은 왜 명품 브랜드를 좋아할까?

한 개에 1,000만 원이 넘는 명품 브랜드 가방. 비싸면 소비자들이 찾지 않을 것 같지만 오히려 구매를 원하는 사람이 많아 대기 명단이 존재할 정도라고 합니다. 비 쌀수록 인기가 많아지는 명품 브랜드의 상품들을 보면 의아한 생각이 듭니다. 그러 나 소스타인 베블런Thorstein Bunde Veblen이라는 경제학자의 이야기를 들어 보면 이러 한 현상의 이유를 이해할 수 있습니다.

소스타인 베블런은 미국의 사회학자이자 경제학자입니다. '제도경제학'이라는 분 야를 만든 인물이기도 한데, 여기서 '제도'란 사회현상이나 사회 영역을 모두 포괄합 니다. 마셜 이후로 경제학자들이 수요나 공급 등 수학적 분야에 주로 관심을 가졌던 반면 베블런은 경제학을 통해 사회의 전반적인 모습을 탐구했습니다.

베블런은 대표 저서인 『유한계급론The Theory of the Leisure Class』에서 '과시소비 conspicous consumption'라는 개념을 이야기했습니다. 그는 이 책에서 상류층인 유한계 급(시간 여유가 있는 계급이라는 뜻으로, 가진 자산이 많아 육체노동을 하지 않아도 되는 부유층이다.)은 자 신의 명예나 부를 세상에 과시하기 위해 값비싼 물건을 산다고 말했습니다.

예를 들어 베블런이 살던 19세기에는 은으로 만든 숟가락이 대표적인 과시소비 의 대상이었습니다. 은수저는 무겁고 사용하기 불편한 데다 값도 비쌌습니다. 다른 숟가락보다 실용성이 뛰어나지 않은 상품이지만 유한계급은 은수저를 구입함으로 써 자신의 사회적 지위와 부를 과시했지요.

가격　선호도

과시소비의 대상이 되는 상품은 가격이 높아질수록 소비자의 선호도가 높아진다.

　　베블런의 이야기는 현재의 상황에도 적용할 수 있습니다. 가령 명품 브랜드의 가방이나 시계는 일반 상품보다 몇 십 배, 몇 백배까지도 비싸지만, 많은 사람이 명품 브랜드의 상품을 사고 싶어 합니다. 왜 그럴까요? 명품 가방을 들고 다니거나 명품 시계를 차고 다니면 그만큼 스스로의 경제력과 지위를 과시할 수 있기 때문입니다.

　　과시소비가 이루어지면 어떤 일이 벌어질까요? 일반적인 경우 어떤 상품의 가격이 올라갈수록 소비자는 그 상품을 적게 사려고 합니다. 그러나 과시소비의 대상이 되는 상품은 가격이 비싸져도 오히려 소비자들의 선호도가 높아져 수요가 줄어들지 않고 그대로이거나 오히려 늘어나지요. 과시소비 상품은 값이 비쌀수록 지위나 부를 뽐내는 효과가 크기 때문입니다. 경제학에서는 이처럼 과시소비로 인해 상품의 가격이 올라가도 소비가 줄어들지 않거나 오히려 늘어나는 현상을 베블런 효과Veblen effect라고 부릅니다.

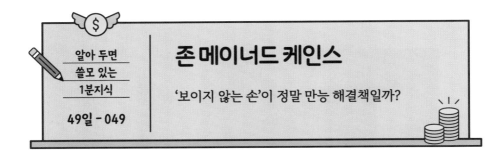

알아 두면
쓸모 있는
1분지식

49일 - 049

존 메이너드 케인스

'보이지 않는 손'이 정말 만능 해결책일까?

1929년부터 미국에서 느닷없이 시작된 경기침체는 전 세계를 경제적 어려움에 빠트렸습니다. 주식 가격이 폭락했고, 미국 인구의 4분의 1이 실업자가 될 만큼 최악의 상황이 찾아왔지요. 경기침체는 곧 전 세계로 퍼졌습니다.

경제학자들은 대공황의 원인과 해결 방안을 찾고자 노력했습니다. 그러나 별다른 해법이 없었습니다. 이전의 경제학에서는 오랜 시간 상황을 그대로 놓아 두면 시장이 자율적으로 균형을 찾아가니 문제가 해결되리라고 보았습니다. 그러나 긴 시간 기다려도 실업문제는 해결되지 않았고 심각한 불황도 계속되었지요. 이때 존 메이너드 케인스John Maynard Keynes라는 경제학자의 이론이 주목을 받기 시작했습니다. 케인스는 영국의 유복한 가정에서 태어나 케임브리지대학교에서 공부한 경제학자입니다. 영국 정부에서 관료로 일한 적도 있고 주식 투자도 활발히 하는 등 책상 밖 현실 경제에 대해서도 아는 것이 많았지요.

케인스는 1936년 펴낸 『고용·이자 및 화폐의 일반이론The General Theory of Employment, Interest and Money』이라는 저서에서 기존의 경제학과는 다른 생각을 담았습니다. 그는 실업과 불황은 저절로 없어지는 것이 아니라 '총수요'를 늘려야 한다고 생각했습니다. 총수요는 개인의 소비와 기업의 투자, 정부 지출 등 나라 안에서 상품을 구매하고자 하는 욕구를 모두 합친 것을 말합니다.

케인스는 정부의 역할을 '빈 항아리를 묻어 두는 것'에 비유했습니다.

"정부는 빈 항아리에 돈을 가득 담아 땅 속에 묻어 둡니다. 그리고 기업들이 항아리 속의 돈을 마음대로 퍼가도록 합니다. 그러면 기업은 사람을 고용하고, 굴착기를 사들여서 땅을 파고 항아리 속의 돈을 꺼냅니다. 일자리를 얻은 사람은 월급으로 옷도 사고 먹을 것도 삽니다. 그렇게 되면 의류와 식료품 공장이 살아나고, 다른 공장도 덩달아 활기를 띠게 됩니다."

존 메이너드 케인스

정부가 적극적으로 시장에 개입해 일자리를 만들고 지출을 늘리려 노력하면 일자리가 늘어나고 실업자가 줄어듭니다. 일자리가 생긴 사람들은 소득이 늘어나니 소비를 늘릴 수 있고, 기업은 상품이 잘 팔리니 생산과 투자를 증가하며 경기가 좋아집니다.

시장이 모든 문제를 해결할 수 있는 것이 아니라 때때로 정부의 개입이 필요하다는 의견이었습니다. 그의 의견에 따라 미국뿐 아니라 자본주의 국가의 정부들은 경제문제를 해결하기 위해 시장에 적극적으로 개입하며 몸집을 불리기 시작했습니다. 케인스의 이론이 경제학 및 세계 경제의 역사에 새로운 흐름을 열어 준 것입니다.

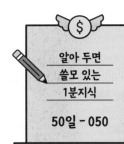
조지프 슘페터

사회의 변화를 이끄는 기업가 정신은 무엇일까?

20세기 초, 미국의 자동차 회사 사장이었던 헨리 포드Henry Ford는 값싼 자동차를 대중에게 보급하는 데 관심이 많았습니다. 고민 끝에 1908년 새로운 자동차 생산 방식을 도입했습니다. 움직이는 벨트 위에서 부품을 조립하는 방식(컨베이어 시스템)이었습니다. 새로운 생산 방법으로 자동차 한 대를 조립하는 데 필요한 시간은 평균 750분에서 93분까지 줄어들었고, 자동차 가격도 저렴해졌습니다. 이 생산 방식은 전 세계 공장에 도입되며 새로운 대량생산 시대를 열었지요. 포드의 사례처럼 끊임없이 새로운 것을 추구하는 기업가의 아이디어는 사회의 변화를 이끌어 냅니다.

이러한 현상에 주목해 '기업가 정신'이라는 개념을 강조한 경제학자가 있는데, 바로 조지프 슘페터Joseph Alois Schumpeter입니다. 슘페터는 오스트리아·헝가리 제국에서 태어나 대학에서 법학과 경제학을 공부하고 이집트 카이로에서 변호사로 일했습니다. 카이로에서 일하는 동안 경제학 관련 책을 출간하며 경제학계에서 두각을 나타냈고, 1909년에는 고국에서 최연소 경제학 교수로 각광받았지요. 후에는 재무장관과 민간은행 은행장의 자리에 오르기도 했습니다. 히틀러를 피해 1932년 미국으로 건너간 후에는 하버드대학교 교수로서 연구에만 몰두했습니다.

1942년에 슘페터는 『자본주의, 사회주의, 민주주의Capitalism, Socialism and Democracy』라는 책을 출판하는데, 그중에서도 자본주의의 생산자, 즉 기업가의 사회적 역할에 관한 내용이 많은 주목을 받았습니다.

조지프 슘페터   애플 본사 건물

　슘페터는 기업가를 새로운 상품이나 생산 방식을 개발하고 시장을 개척하는 사람들로 보았습니다. 이처럼 기술 혁신을 주도하는 기업가의 자질을 '기업가 정신'이라 말했습니다.

　한번 혁신이 이루어지면 이전의 지식이나 기술은 쓸모없어집니다. 즉 자본주의에서는 새로운 것을 창조하기 위해 과거의 것을 파괴합니다. 그러면서 사회가 변화하지요. 이를 창조적 파괴creative destruction라고 합니다. 기업가 정신에 의해 혁신이 생기고, 창조적 파괴로 이어지면서 경제가 성장합니다. 예를 들어 2008년 스티븐 잡스Steve Jobs가 운영하던 애플은 아이폰이라는 상품을 세상에 내놓았고, 이때부터 사람들은 어디에서나 원하는 곳에서 스마트폰을 통해 검색, 인터넷 쇼핑 등을 할 수 있게 되었습니다. 혁신과 창조적 파괴의 대표적인 예입니다.

　특히 21세기에 들어서면서 창조적 파괴와 혁신을 주장한 슘페터의 이론이 각광을 받았습니다. 4차 산업혁명이 진행되고 있는 지금, 특히 기업가들의 경쟁과 기술 혁신, 새로운 경영 방법이 사회 발전의 원동력으로 작용하고 있기 때문입니다.

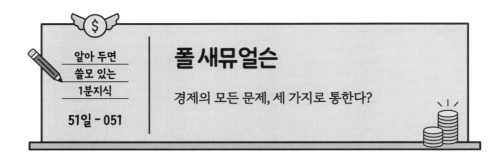

알아 두면
쓸모 있는
1분지식

51일 - 051

$

폴 새뮤얼슨

경제의 모든 문제, 세 가지로 통한다?

폴 새뮤얼슨Paul Samuelson은 '현대 경제학'의 아버지라 불리는 인물입니다. 미국에서 태어나 시카고대학교를 조기 입학·졸업한 새뮤얼슨은 하버드대학교에서 박사학위를 받았습니다. 유대인 출신인 그는 인종차별 때문에 하버드대학교 교수가 되지 못하고 매사추세츠공과대학교MIT의 경제학과 교수가 됩니다. 그런 그가 1948년『경제학Economics』이라는 책을 썼는데, 이 책은 지금까지 전 세계에서 가장 많이 읽힌 경제학 교과서가 되었습니다.

폴 새뮤얼슨은 경제학의 다양한 분야에서 뛰어난 재능을 보여 주었습니다. 우리가 경제 교과서 첫머리에서 배우는 '세 가지 기본 경제문제' 역시 새뮤얼슨의 이론에서 나왔습니다. 우리는 자원이 한정되어 있는 희소성 때문에 재화와 서비스를 어떻게 분배해야 할지 선택의 문제에 직면합니다. 새뮤얼슨은 특히 '생산'이라는 활동에 초점을 맞추어 모든 기업가나 국가가 해결해야 하는 경제문제를 세 가지로 정리했습니다.

기업가나 정부는 먼저 무엇을 얼마나 생산할 것인가(what & how much to produce)의 문제에 부딪힙니다. 사회에 주어진 자원은 한정되어 있어, 한 종류의 재화를 많이 생산하기로 결정하면 다른 재화의 생산에 쓸 수 있는 자원이 줄어듭니다. 가령 김밥 공장을 운영하는 사업주는 일반 김밥의 생산을 늘릴지, 삼각김밥을 더 많이 만들지 고민합니다. 쓸 수 있는 자원에는 한계가 있어 일반 김밥을 많이 만들면 삼각김밥의 생산량은 줄어듭니다.

무엇을 만들지 선택하고 나면 다음 고민이 이어집니다. 자원을 어떤 방식으로 결합해 상품을 만들지입니다. 이 고민은 어떻게 생산할 것인가(How to produce)라는 질문으로 바꿀 수 있습니다. 김밥을 만들기로 결정했다면 노동력을 많이 고용해 생산할지, 김밥 만드는 기계를 들여 운영할지, 분업으로 생산할지, 한 사람이 모든 공정을 도맡을 것인지 선택해야 합니다. 상품을 만드는 데 들어가는 노동이나 자

폴 새뮤얼슨

본 등의 생산 요소를 어떻게 결합할 것인지의 문제로, 생산 방법의 선택에 관련된 문제입니다.

앞의 두 가지 고민을 끝내서 상품을 만들어 팔고 나면 수익이 납니다. 김밥 공장 사업주는 이제 공장을 운영해 얻은 수익을 어떻게 분배해야 할지 결정합니다. 공장의 노동자에게 임금을 많이 주어야 할지, 운영자인 자신이 이윤을 많이 가져가야 할지, 투자자에게 이자를 더 주어야 할지 결정하는 것이지요. 이는 누구를 위하여 생산할 것인가(for whom to produce)라는 질문으로 표현할 수 있습니다.

새뮤얼슨은 자원의 희소성과 경제적 선택을 연결해 경제 분석의 기초를 마련했습니다.

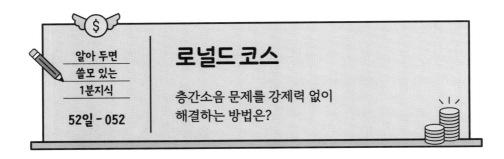

알아 두면
쓸모 있는
1분지식

52일 - 052

로널드 코스

층간소음 문제를 강제력 없이
해결하는 방법은?

아파트의 층간소음 문제는 이웃 간 분쟁의 불씨가 됩니다. 해결도 어렵고 때때로 심각한 범죄로 이어지기도 하지요. 법적 해결이나 규제 없이 층간소음 문제를 해결할 방법은 없는 걸까요? 경제학의 관점에서 이 문제의 해결법을 제시한 학자가 있습니다.

로널드 코스Ronald Harry Coase는 영국의 경제학자로 원래는 법을 전공한 인물입니다. 우연한 계기로 경제학에 흥미를 느껴 경제학적 방법으로 법률을 설명하는 법경제학이라는 학문을 전공하게 됩니다. 코스는 1937년 「기업의 본질The Nature of the Firm」이라는 글을 발표하며 '부정적 외부효과'라는 현상을 해결할 방법을 새로운 각도에서 제시했습니다.

부정적 외부효과는 시장에서 어떤 사람이 의도하지 않았는데 제3자에게 피해를 입히고 대가도 치르지 않는 현상을 말합니다. 가령 윗집에서 밤 늦은 시간까지 노래를 불러 잠을 제대로 못 잔다면 부정적 외부효과가 발생한 것입니다. 윗집이 의도한 것은 아니지만 좋지 않은 영향을 미치고 아무런 보상도 하지 않았기 때문입니다.

코스 이전의 경제학에서는 부정적 외부효과는 어차피 시장 바깥의 일이므로 정부가 법이나 규칙을 만들어 조정해야 한다고 생각했습니다. 그런데 코스는 이러한 생각에 반박하며, 당사자 간의 자발적인 협상으로 외부효과를 해결할 수 있다고 보았습니다.

가령 앞의 예에서 서로 느끼는 괴로움과 만족감을 금액으로 표시한다고 생각해 봅시다.

- 윗집의 노랫소리로 느끼는 괴로움: 한 달에 20만 원
- 노래를 부르며 느끼는 만족감: 한 달에 30만 원

시카고 로스쿨에서 로널드 코스

이 경우 두 사람은 협상을 시도해 볼 수 있습니다. 만약 노래 부를 권리를 지키기 위해 아랫집에 한 달 25만 원을 준다고 생각해 봅시다. 윗집은 노래를 부르며 느끼는 5만 원(30만 원-25만 원)만큼의 순수한 만족감을 느낄 수 있을 것입니다. 반대로 아랫집은 괴로움을 감당해야 하지만, 5만 원만큼(25만 원-20만 원)의 만족감을 느낄 수 있지요. 이 거래는 두 사람 모두에게 이익이 됩니다. 물론 이 경우는 밤 늦게까지 노래를 부를 권리가 윗집에 있다고 가정할 때의 일입니다.

반대로 아랫집에 조용하게 휴식을 취할 권리가 있다면 이 경우에는 아랫집이 윗집에게 노래를 그만두는 대가로 돈을 줄 수 있겠지요. 코스는 이처럼 자발적 협상을 통해 부정적 외부효과를 해결할 방법을 고안해 냈는데, 이를 '코스의 정리'라 합니다.

물론 코스의 정리를 현실에 적용하기는 어렵습니다. 코스는 협상 비용이 없는 상태를 가정했지만 실제로 협상을 이루려면 당사자가 시간을 들여 만나야 하고 스트레스를 감당해야 합니다. 또한 당사자 간의 피해나 만족감을 정확한 금액으로 나타내기도 쉽지 않지요. 그러나 코스의 이론은 그동안 시장 바깥에 있는 일이라 여겨졌던 외부효과를 시장 내부로 끌고 들어와 해결하려 했다는 데 의의가 있습니다.

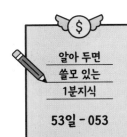
프리드리히 하이에크

새로운 자유주의의 길을 개척한 경제학자는?

1929년 경제 대공황이 일어나자, 이를 어떻게 해결해야 할지 경제학자들 사이에서도 의견이 갈렸습니다. 이때 두 명의 학자가 팽팽히 맞섭니다. 첫 번째 인물은 케임브리지대학교의 경제학 교수였던 케인스였습니다. 그는 정부가 적극적으로 나서서 실업을 줄이기 위해 노력해야 한다고 주장했습니다. 생산량은 넘치는데 총수요가 부족해서 대공황이 생겼다고 보았기 때문입니다. 케인스의 주장에 맞선 인물이 오스트리아 출신의 경제학자이자 정치철학자였던 프리드리히 하이에크Friedrich Hayek입니다. 하이에크는 시간이 걸리더라도 시장의 자동 조정 능력을 믿어야 한다고 주장했습니다. 그는 대공황은 수요가 부족해 일어난 일시적인 일이니 시장이 이를 자연스럽게 해결할 수 있도록 기다리며 그냥 놓아 두어야 한다고 보았지요.

그는 정부의 간섭이 커질 경우 결국 개인의 자유를 억압할 수 있다고 주장했습니다. 독일에서 히틀러와 나치당이 정권을 잡으면서 국민의 자유가 사라지는 것을 보았기 때문입니다. 그는 이러한 이유로 정부의 역할이 확대되는 것을 경계했습니다.

이 팽팽하게 맞선 논쟁에서 미국 정부는 케인스의 손을 들어 주었습니다. 그의 의견을 받아들여 경제에 적극적으로 개입한 것이지요.

그렇지만 하이에크의 주장은 1970년대 들어서 다시 주목을 받습니다. 대공황 이후 줄곧 강력한 힘을 발휘하던 케인스의 처방이 1970년대 되어 힘을 잃기 시작했기 때문입니다. 시장에 대한 정부의 간섭이 오히려 물가상승과 경기침체까지 불러일으

시장의 자정 능력을 믿고
기다려야 합니다.

정부가 시장에 적극적으로 개입해
문제를 해결해야 합니다.

VS.

하이에크

케인스

대공황의 해결 방안에 대한 하이에크와 케인스의 논쟁. 당시에는 케인스의 의견이 받아들여
졌지만, 1970년대 이후 하이에크의 의견이 주목을 받았다.

키자 하이에크의 의견이 뒤늦게 힘을 얻었고, 그는 1974년 노벨 경제학상을 수상합
니다. 1980년대부터는 하이에크의 이론에 따라 정부가 경제에 대한 개입을 줄이고,
시장의 경쟁과 자유를 중요시하는 경제사상의 흐름이 나타나지요. 이를 신자유주의
라 부릅니다. 하이에크는 신자유주의의 밑바탕을 마련한 학자인 것입니다.

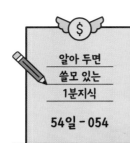
조지 애컬로프

중고차 시장에 점점 불량 차만 남는 까닭은?

경제학에는 '레몬 시장'이라는 말이 있습니다. 많은 과일 중 왜 레몬이라는 이름
이 붙었을까요? 겉보기에는 먹음직스럽지만 실제로 먹으면 레몬의 신맛에 깜짝 놀
라듯, 레몬 시장도 비슷한 의미를 지닙니다. 밖에서 봤을 때는 괜찮아 보이는 상품이
가득하지만 실제 사용해 보면 불량품이 넘치는 시장을 말하지요. 대표적인 예가 중
고차 시장입니다. 겉보기에는 괜찮은 듯하지만 실제 불량 차가 많기 때문입니다.

레몬 시장이라는 말을 처음 쓴 이는 미국의 경제학자 조지 애컬로프George Arthur
Akerlof입니다. 그는 예일대학교를 졸업하고 MIT에서 경제학 박사 학위를 딴 후 불과
26세의 나이에 UC버클리의 경제학과 교수가 되었지요. 이후 1960년대 말 「레몬 시
장The Markets for Lemons」라는 논문을 발표하는데, 당시에는 학술지에도 실리지 못할
만큼 사소한 이론으로 취급받았습니다. 그러나 한참 후에 경제학에 많은 변화를 불
러오는 이론으로 재평가를 받게 됩니다.

애컬로프의 레몬 시장 이론을 살펴볼까요. 사고 난 적이 없는 자신의 차를 1,500
만 원에 판매하려는 경필이와, 사고가 여러 번 났던 중고차를 1,000만 원에 팔려는
민수가 있습니다. 민수는 판매를 위해 중고차의 겉모습을 깨끗하게 고쳐 놓았지만
이 사실을 아무도 모릅니다.

중고차를 사러 온 구매자는 둘 중 누구의 차를 선택할까요? 중고차의 사고이력을
모르는 구매자는 가격이 싼 민수의 차를 택합니다. 질 좋은 차를 내놓았지만 차가 팔

조지 애컬로프(좌)와 레몬 시장을 대표하는 중고차 시장(우)

리지 않은데 실망한 경필이는 중고차 시장에서 자신의 물건을 거두어 들이지요. 이러한 과정을 몇 번 거치다 보면 중고차 시장에는 질 낮은 중고차만 남고, 차의 품질이 좋지 않다는 걸 눈치 챈 구매자들도 거래를 하려 들지 않습니다.

애컬로프는 이러한 문제가 생기는 이유를 정보의 비대칭성 때문이라 보았습니다. 정보의 비대칭성은 거래를 할 때 양쪽 당사자 사이에 정보가 불평등하게 분배되어 있는 것을 뜻합니다. 중고차 소유자는 자신의 차에 대해 잘 알고 있지만, 구매자는 이를 잘 모르기 때문에 품질이 불량한 차를 고릅니다. 이처럼 정보가 불균형한 상황에서 정보가 부족한 구매자는 자신에게 불리한 선택을 하게 되는데, 이러한 결정을 역선택易選擇이라 합니다. 원래 합리적인 경제인은 상품에 대해 충분한 정보를 수집해 자기에게 유리한 선택을 해야 하지만, 상대방에 대한 정보를 몰라 스스로에게 불리한, 거꾸로 된 선택을 하게 되기에 거꾸로 역易 자를 붙인 것입니다. 애컬로프는 경제적 선택에 있어 정보의 비대칭성이 어떤 영향을 끼치는지 강조하며, '정보경제학'이라는 새로운 분야를 연 학자로 여겨집니다.

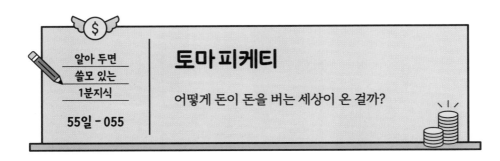

토마 피케티

어떻게 돈이 돈을 버는 세상이 온 걸까?

유명인이 건물을 비싸게 팔아 엄청난 돈을 벌었다거나, 부자들이 자녀에게 몇 십억이 넘는 재산을 물려주었다는 이야기를 뉴스에서 종종 듣습니다. 부럽기도 하지만 한편으로는 씁쓸한 마음이 슬그머니 자리 잡습니다. 부자는 손쉽게 더 큰 부자가 되는 세상이 온 걸까요? 이 물음에 답하기 위해 노력한 학자가 있습니다. 토마 피케티 Thomas Piketty라는 인물입니다.

토마 피케티는 소득과 불평등을 연구하는 경제학자입니다. 파리경제학교의 교수로서 2014년 출간한 책『21세기 자본Capital in the Twenty-First Century』이 큰 인기를 끌면서 우리나라에서도 '피케티 열풍'이 불기도 했습니다. 이 책은 자본주의 경제에 나타나는 경제적 불평등 현상이 어떤 방향으로 나아가는지 이야기합니다.

피케티에 따르면 자본주의 사회가 발전할수록 불평등이 심각해지는 법칙성이 있다고 합니다. 대공황 이후 전 세계 정부가 누진세제도(소득이나 재산이 많은 사람일수록 더 높은 세율로 세금을 내는 제도) 등을 도입하며 1920~1950년대까지는 일시적으로 불평등이 줄어든 측면이 있습니다. 그렇지만 1970년대 이후부터 다시 부자들에게 자본이 쏠리기 시작했다는 것입니다.

피케티는 세계 각 나라의 부와 소득 분배 자료를 수집해 분석하며 이러한 사실을 증명했습니다. 불평등이 심해지는 가장 중요한 이유는 자본소득 때문입니다. 자본소득이 무엇일까요? 한 나라의 국민소득은 노동소득과 자본소득으로 나눌 수 있습니다. 노동소득은 임금이나 보너스 등 노동으로 벌어들이는 소득을 말하고, 자본소득은 임대료나 이자 등 자본·금융 상품에서 얻는 소득을 말하지요. 노동소득은 열심히 일하면 누구나 얻을 수 있지만, 자본소득은 다릅니다. 땅이나 건물, 거대한 금융상품 등은 애초에 부자들에게 쏠려 있으니 자본소득은 사회의 소수에게 집중됩니다. 자본소득의 비중이 높아질수록 불평등이 심해지지요. 부자는 더 많은 부를 축적하면서 자본을 빠르게 늘리

토마 피케티

고, 노동소득이 주 수입원인 서민들은 그에 비해 가난해지는 것이지요.

원래 자본주의 사회에는 '능력과 노력에 따라 성과가 분배된다'는 믿음이 있었습니다. 자유로운 시장에서 거래가 이루어지는 자본주의에서는 평범한 사람도 노력하면 부를 쌓을 수 있고, 개인의 자유도 보장된다는 것이 지금까지의 생각이었지요. 피케티는 이에 반박하며 자본주의 사회에서는 부가 대물림하여 세습될 수 있다고 주장했습니다. 그는 불평등을 해결하기 위해 부자들에게 더 많은 소득세나 상속세를 걷거나, 기본소득을 넘어서 만 25살 청년들에게 1억 6,000만 원 정도의 '기본자산'을 주자고 제안했습니다.

피케티의 견해를 두고 찬반 의견이 갈리기도 합니다. 지나치게 급진적인 의견이며, 그가 내놓은 대안이 현실적이지 않다는 의견이 존재합니다. 그러나 전 세계적으로 갈수록 심각해지고 있는 부의 불평등 문제를 조명했다는 점에서 피케티의 업적은 무시할 수 없습니다.

2차선 터널에서
한쪽 차선만 막힌다면?
_ 터널 효과와 소득과 분배

　　터널 안에 2차선 도로가 있다. 도로 안이 차로 꽉 막혀 운전자들이 답답함을 느끼는 중 한쪽 차로에서만 차들이 앞으로 움직이기 시작한다. 이 모습을 바라보며 나머지 한쪽 차선의 운전자들도 희망을 갖는다. '내 차가 있는 차선도 곧 앞으로 움직이겠지.' 그러나 옆 차선의 차들이 끝없이 전진하며 터널을 빠져나가도, 이쪽 차선은 움직일 기미가 보이지 않는다. 다음에는 어떤 일이 벌어질까?

　　위 상황은 경제학자 앨버트 허쉬만Albert O. Hirschman이 개발도상국의 경제성장과 분배의 문제를 터널에 비유해 제시한 이야기다. 개발도상국의 정부는 빠른 속도로 국가의 경제성장을 이루고 싶어 한다. 정부는 상류층과 대기업에 먼저 혜택을 주면서 분배문제는 뒤로 미룬다. 한쪽 차선의 차들만 빠르게 터널을 벗어나는 현상과 비슷한 상황이다. 멈춰 있는 차들(서민층, 중소기업 등)은 옆 차선의 차들이 터널을 벗어나는 것을 보고 자신도 곧 터널을 빠져나갈 수 있을 것이라는 희망을 품지만 기다리는 시간이 길어지면 좌절과 절망감을 느낀다. 결국 이들은 교통법규를 무시하거나 경찰의 말을 듣지 않고 무리한 끼어들기를 시도해 본다. 여기저기 접촉사고가 이어지면서 터널 안은 아수라장이 되고, 결국 모두가 터널을 빠져나가기 어려운 상황이 온다는 것이 이야기의 결론이다. 성장의 혜택을 받지 못한 계층은 정부에 불만을 터트리

허쉬만은 경제성장과 분배의 문제를 터널 효과로 설명하였다.

거나 불법 행위를 벌인다. 이 때문에 계층 간 갈등이 커지고 사회적 혼란이 심각해져 오히려 경제가 불안정해지고 만다.

앨버트 허쉬만은 이처럼 분배를 무시한 채 특정 계층에게 혜택을 몰아주면서 경제성장만 추구한다면 경제성장 자체가 늦어질 수 있음을 이야기했다. 그의 이러한 이론을 '터널 효과'라고 말한다.

우리나라에서도 정부가 정책을 결정할 때마다 '성장이 먼저냐, 분배가 먼저냐'의 문제로 사람들의 의견이 부딪힌다. 그러나 소득 불평등이 나아지지 않으면 상대적 박탈감을 느낀 이들의 불만이 터져 나와 사회적, 경제적 불안으로 이어진다. 빈부격차가 심각한 브라질에서 소매치기와 강도가 일상화되어 있는 게 그 예다. 심각한 빈부격차는 사회의 안정적인 발전도 깨뜨리고 결과적으로 경제성장에도 나쁜 영향을 끼칠 수 있음을 기억할 필요가 있다.

세계적인 부자 워런 버핏은
왜 부자들로부터 세금을 더 걷자고 했을까?
_부유세 도입 논란

    〈아스테릭스〉, 〈까미유 끌로델〉 등 수많은 영화에 출연한 프랑스의 국민 배우 제라르 드 파르디외Gerard Depardieu. 그가 2013년, 돌연 러시아로 망명해 화제가 되었다. 그는 왜 프랑스 국적을 포기한 걸까?

    2012년에 출범한 프랑스 올랑드 정부의 세금 정책이 원인이었다. 올랑드 정부는 고소득층에게 최고 75%에 달하는 높은 세율을 적용하기로 결정한다. 경제적 어려움을 겪는 빈곤층 및 중산층을 돕기 위해 나온 정책이었지만 지나친 과세로 반대하는 목소리가 높았다. 드파르디외를 비롯해 많은 많은 프랑스 부유층이 세금을 피해 벨기에나 영국 같은 나라로 넘어가기도 했다. 이 때문에 올랑드 정부는 정책을 곧 철회하였다.

    비슷한 시기, 투자의 천재로 불리는 워런 버핏Warren Buffett은 2011년 부자들에게 더 많은 세금을 거두어야 한다고 주장했다. 그는 자신이 내는 세금은 전체 소득의 17.4%에 불과한데 자신이 고용 중인 사람들이 그보다 높은 30% 이상의 세금을 내고 있다며, 부자들이 소득에 맞는 충분한 세금을 내고 있지 않다고 밝혔다. 그러니 정부가 부유층에 더 많은 세금을 부과해야 한다는 것이다.

    부유세는 소득이나 재산이 매우 많은 사람에게 매우 높은 비율의 세금을 걷는 제도를 말한다. 그로부터 시간이 흐른 2020년 미국 대통령 선거 때에도 부유세를 주장하는 사람이 많았다. 왜 이런 주장이 계속해서 나오는 것일까? 경제학자 피케티의 주장처럼 자본주의가 발전할수록 근로소득보다는 부동산이나 주식 등 자산으로 더 많은 돈을 버는 구조가 굳어지고 있기 때문이다. 한국의 사정도 비슷하다. 코로나19 이후 부자들은 투자를 통해 자산을 늘리는 동안, 배고픔으

워런 버핏

로 편의점에서 식재료나 생필품을 훔치는 저소득층이 늘어났다. 프랑스에서는 2018년 정부가 부유세를 대폭 축소하자 이에 반대하는 사람들이 노란 조끼를 입고 거리에 나와 대대적으로 시위를 하는 광경이 벌어지기도 했다.

그러나 부유세에 반대하는 입장도 만만치 않다. 세금의 비율을 아무리 올려도 변수가 많아 세금이 얼마나 늘어날지 알 수 없다는 것이다. 오히려 부자들에게 세금을 너무 많이 거두어 그들의 투자 의욕과 근로 의욕, 저축 동기 등을 떨어뜨릴 수 있다고 주장하는 이들도 있다. 더불어 부자들의 해외 망명이 심해져 자본이 해외로 빠져나가면 더 큰 손해가 온다고 주장하는 이들도 있다.

부유세는 국가의 정책 방향과 세금 수입, 불평등 완화 등에 영향을 미치는 중요한 정책이다. 경제적 양극화가 심각해질 것이라는 전망이 우세한 만큼, 부유세에 대한 논의는 끊이지 않고 등장할 것이다. 우리나라도 갈수록 불평등이 심해지고 복지에 들어갈 돈이 늘어나고 있는 만큼, 부자들에게 세금을 더 거두어 저소득층에 대한 국가의 지원을 늘릴 방법을 고민할 필요가 있다.

5장

경제제도

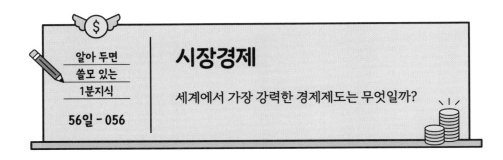

시장경제

세계에서 가장 강력한 경제제도는 무엇일까?

우리나라의 대표 기업 중 하나인 삼성전자는 매년 엄청난 양의 스마트폰과 노트북, 태블릿을 만듭니다. 그렇다면 매년 어떤 것을 더 많이 만들지 그 결정은 누가 하는 걸까요? 삼성전자의 CEO일까요? 아니면 주식을 가장 많이 가지고 있는 사람일까요? 물론 그들의 의견도 중요하겠지만 단순히 소수의 결정으로 생산할 상품의 종류나 수량을 결정하지는 않습니다.

'무엇을 얼마나 생산할까?'라는 문제를 해결하기 위해 삼성전자는 소비자들이 스마트폰과 태블릿 PC 중 무엇을 더 선호하는지 살펴봅니다. 경쟁 기업이 어떤 상품을 더 많이 생산하는지 살펴보기도 하지요. 누가 명령이나 계획을 내리지 않아도 시장의 수요와 공급이라는 줄다리기 속에서 무엇을 얼마나 더 생산해야 할지 결정하는 것이지요. 가격이나 생산량 역시 다수의 줄다리기 속에서 결정됩니다. 만약 시장에서 많은 소비자가 태블릿 PC보다 스마트폰을 원한다면 자연스럽게 스마트폰의 가격이 올라갈 것입니다. 기업은 더 비싼 상품을 더 많이 생산하겠지요.

이렇게 시장에서 만들어진 가격을 균형가격이라고 하는데, 가장 필요한 곳에 자원을 적절히 분배하는 힘이 있습니다. 소비자는 자신이 원하는 가격에 상품을 얻고 기업은 적절하게 상품을 공급하고 이윤을 챙길 수 있습니다. 삼성전자도 더 많은 이윤을 남기기 위해 라이벌 기업과 경쟁해 더 괜찮은 품질과 기능을 지닌 상품을 만들기 위해 노력하지요. 가령 라이벌인 애플사가 내놓지 못한 반으로 접히는 스마트폰

스마트폰 공장 모습

등을 내놓는 것도 그러한 노력의 결과물인 셈입니다.

기업이나 개인이 의사결정을 할 때, 국가는 시장경제체제 아래에서 어떤 역할을 할까요? 시장에 되도록 개입하지 않고 올바른 경쟁 질서가 유지되도록 돕는 정도의 역할만 합니다.

이처럼 시장에 참여하는 사람들의 자유로운 선택과 경쟁을 통해 경제문제를 해결하는 경제체제를 시장경제체제라고 합니다. '시장경제'는 경제를 시장에 맡기면 자원이 가장 필요한 곳에 적절한 양만큼 분배된다는 믿음 아래 운영됩니다. 시장경제체제는 토지나 자본 등 개인의 사유재산을 인정하는 자본주의체제와 함께 움직입니다. 개인의 재산권과 재산권을 행사할 때 개인의 의사결정을 인정하는 것이지요. 둘을 합쳐 자본주의 시장경제체제라는 이름으로 부르기도 합니다.

그러나 사람들은 시장경제체제를 오랫동안 운영하면서 시장이 모든 문제를 해결하지 못한다는 사실을 알게 되었습니다. 심각한 빈부격차나 환경오염 같은 문제가 그 예이지요. 이 때문에 시장경제체제에서 발생하는 문제를 해결하기 위해 필요할 때는 정부가 시장에 개입합니다. 시장경제의 문제점을 해결하기 위해 필요하면 정부나 국가가 시장에 개입하는 경제시스템을 혼합경제체제라고 부릅니다.

계획경제체제

정부의 명령과 계획으로 경제가 굴러간다면?

가끔 TV에서 북한의 모습을 보면 '같은 민족이지만 낯선' 느낌을 받습니다. 같은 민족이어도 오랫동안 분단되어 살아 온 한국과 북한 사회의 모습은 꽤 달라 보이지요. 가령 우리나라는 땅이나 공장을 개인이 소유할 수 있지만, 북한에서는 이러한 재산이 국가에 속해 있습니다. 가까운 나라인데 왜 이런 차이가 있을까요? 우리나라가 시장경제체제를 따르는 것과 달리, 북한은 계획경제체제라는 시스템을 따르고 있기 때문입니다.

예를 들어 우리나라에서는 상품의 종류와 생산량, 생산 방법 등을 기업이 선택할 때 시장의 상황을 살펴본 후 자유롭게 의사결정을 합니다. 기업은 개인 또는 민간 소유이기 때문에 더 많은 이득을 얻기 위해 개인의 뜻에 따라 자유롭게 운영할 수 있지요.

반면 북한은 이런 문제를 국가와 정부의 계획과 지시 아래 해결합니다. 계획경제체제에서는 생산 수단이 개인의 것이 아니기 때문입니다. 특히 땅, 공장, 원재료 등의 생산 수단은 나라 소유의 재산이니, 의사결정도 정부나 당의 계획에 따릅니다. 가령 북한에서 스마트폰이나 TV를 만들 때는 생산량이나 생산 방법, 이윤의 분배 방법 등을 정부에서 결정하지요.

시장경제체제와 계획경제체제 중 어느 것이 더 좋다, 나쁘다고 단정 지을 수는 없습니다. 시장경제체제는 공정한 경쟁을 통해 자연스럽게 경제가 발전할 수 있다는 장점이 있습니다. 그러나 사유재산이 인정되다 보니 소득이나 자산이 몇몇 개인이나

평양에 있는 정부 청사 모습

집단에 쏠려 경제적 불평등이 심해질 수 있지요.

반면 계획경제체제는 땅이나 공장 등 생산 수단이 어차피 국가의 것이니 빈부격차는 덜 나타날 수 있습니다. 그러나 열심히 일해도 그 성과가 '내 것'이 아니니 열심히 일할 동기와 의욕을 갖기 어렵습니다. 이 때문에 경제발전이 더딜 수 있지요. 또한 정부 역시 모든 것을 완벽히 예측해 생산량이나 배분 계획을 결정하기 어렵기에 정부의 결정이 잘못되면 경제문제가 심각해질 수 있습니다. 당이나 국가가 부패를 많이 저지르면 더욱 심각한 불평등이 나타날 수도 있지요. 더딘 경제발전으로 인해 현재 계획경제체제 국가는 전 세계에서 많이 사라진 상태입니다. 중국이나 베트남처럼 계획경제체제를 바탕으로 시장경제체제의 특징을 조금씩 받아들이는 국가도 있습니다. 북한이 그나마 전 세계에서 유일하게 계획경제체제의 틀을 가장 많이 유지하고 있는 나라입니다. 그러나 북한도 경제적 어려움 때문에 점차 다른 나라에 시장을 개방하는 등 변화의 움직임을 보이는 중이지요.

예금자보호제도

은행이 파산하면,
내 예금을 돌려받을 수 있을까?

2011년 한 저축은행 앞에 사람들이 모여들었습니다. 이 은행이 부실 운영으로 국가로부터 영업 정지 처분을 받았다는 소식이 들렸기 때문입니다. 예금자들은 은행이 폐업을 할 가능성이 높아지자 예금액을 되돌려 받기 위해 초조해하며 대기표를 뽑아 들었습니다.

은행이 문을 닫는 상황을 상상해 본 적이 있나요? 은행 예금은 높은 이익을 얻을 수 있는 재테크 수단은 아니지만, 가장 안정적인 자산 관리 방법입니다. 원금을 손해 볼 일 없이 보관할 수 있는 데다 예금 이자까지 붙기 때문입니다.

시중 은행이나 금융기관(협동조합, 저축은행, 투자회사 등)이 망한다는 상상을 하기는 쉽지 않지만, 운영 상황이 나쁘면 이런 곳도 무너질 수 있습니다. 앞서 이야기한 2011년만 해도 부실한 운영 상황으로 인해 저축은행 중 무려 스물네 곳이 문을 닫았습니다. 이처럼 금융기관이 영업 정지를 당하거나 파산하면 우리가 맡긴 예금을 돌려받지 못하게 될 수 있습니다. 예금을 맡긴 사람에게는 최악의 상황입니다. 예금자의 손해가 막심함은 물론, 국가의 금융제도 자체가 흔들릴 수도 있는 일입니다. 또 사람들이 몇 개의 금융회사가 파산하는 모습을 보고 불안감에 대량으로 은행에 몰려가 예금을 인출하는 뱅크런bank run 현상이 벌어져 건전한 금융회사까지 무너질 수 있습니다.

이런 문제가 생기는 것을 막기 위해 국가는 예금자보호제도라는 것을 마련해 둡니다. 예금자 보호법에 따라 예금보험공사라는 기관을 마련해 두고 평소에 금융기관으로부터 보험료를 받아 예금보험기금으로 모아 둡니다. 그러다 금융회사의 경영이 악화되거나 파산 등의 이유로 예금을 지급할 수 없는 경우, 예금보험공사가 대신 고객에게 예금액을 지급해 줍니다. 일반 은행이나 증권회사, 보험회사, 상

영국의 한 은행이 파산하였을 때 예금액을 찾기 위해 몰려든 사람들

호저축은행 등의 예금 상품이 그 대상입니다.

물론 모든 상품이 예금자보호를 받는 것은 아닙니다. 주로 예금처럼 저축성 상품이 예금자보호를 받고, 수익률과 위험성이 높은 상품은 대체로 예금자보호제도의 대상이 되지 않습니다. 예금액을 보장해 주는 금액에도 제한이 있습니다. 현재는 1인이 원금과 이자를 합해 금융회사마다 5,000만 원까지 보장을 받을 수 있습니다. 그렇기에 여러 금융회사에 5,000만 원씩 돈을 나누어 넣어 두는 것이 예금자보호를 받을 수 있는 좋은 방법입니다.

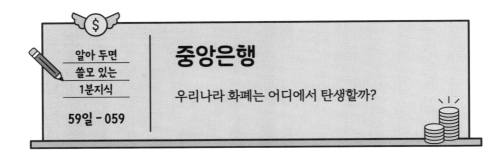

중앙은행

우리나라 화폐는 어디에서 탄생할까?

준비물을 사야 하는데 주머니에 돈이 한 푼도 없는 상황이라고 상상해 봅시다. 만약 여러분이 종이를 돈 모양으로 오린 다음, 1,000원이라는 글자를 적어 문방구에 내민다면 어떤 일이 벌어질까요? 아무도 그 돈을 받지 않으려 하겠지요. 이 종이가 충분한 가치를 가진 것인지 믿을 수 없기 때문입니다. 그렇다면 우리가 평소에 쓰는 돈은 어떻게 믿고 사용할 수 있을까요? 이런 화폐들을 자세히 살펴보면 모두 한국은행에서 발행되었다는 문구가 찍혀 있습니다. 즉 화폐가 다양한 거래에 사용되기 위해서는 공인된 기관에서 찍어 내서 믿고 써도 된다는 신뢰가 밑바탕에 깔려 있어야 합니다. 한국은행은 우리나라에서 화폐를 발행할 수 있는 유일한 기관입니다. 이처럼 모든 국가에는 화폐를 발행하는 중심 은행이 있는데, 이를 '중앙은행'이라 합니다.

중앙은행이란 한 나라의 화폐제도와 금융제도를 운영하는 국가의 중심이 되는 은행을 말합니다. 우리나라의 한국은행, 미국의 연방준비제도FRB, 영국의 잉글랜드은행Bank of England 등이 중앙은행에 해당합니다. 중앙은행은 여러 가지 역할을 합니다. 가장 중요한 역할은 앞서 말했듯 한 나라의 통화(시중에 유통되는 돈)인 은행권을 발행하는 일입니다.

중앙은행은 '은행의 은행' 역할을 하기도 합니다. 우리가 이용하는 수많은 은행 역시 운영을 하면서 돈이 부족할 때는 어디에선가 돈을 빌려야 합니다. 안정적인 운영을 위해 예금자들이 맡긴 돈을 모두 기업에 대출해 주지 않고 최소한의 돈을 은행

우리나라 중앙은행인 한국은행 본부의 모습

저장고에 남겨 두기도 하지요. 중앙은행은 시중 은행에 돈을 빌려주기도 하고, 시중 은행이 최소한의 자금을 얼마나 은행 저장고에 남겨 둘지 그 비율을 결정하기도 합니다. 이를 통해 은행이 안정적으로 업무를 수행할 수 있도록 돕지요.

중앙은행은 '정부의 은행' 역할도 합니다. 정부 역시 국가정책을 펼치고 사업을 운영하기 위해 돈이 필요합니다. 중앙은행은 정부의 돈을 수납하고 지출과 보관을 해주며, 정부나 공공기관이 돈을 빌린다는 증서인 국공채(정부나 공공기관이 운영에 필요한 자금을 얻기 위해 사람들에게 돈을 빌려 오면서 발행해 주는 증서 또는 채권)를 발행하고 이를 갚는 일도 담당합니다.

한편 중앙은행은 나라 경제의 안정을 목표로 금융정책을 결정하기도 합니다. 국가 안의 예금이나 대출 이자율의 기준이 되는 기준금리를 정하지요. 기준금리를 어떻게 정하느냐에 따라 시중에 돈을 풀거나 거두어들이는 효과가 나며, 이에 따라 국가의 전반적 경제 흐름도 바뀝니다. 중앙은행이 하는 일이 막중하지요.

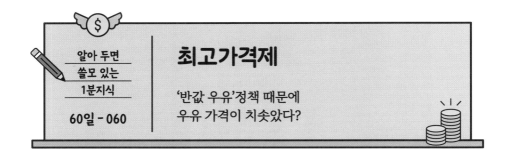

최고가격제

'반값 우유' 정책 때문에
우유 가격이 치솟았다?

1789년 프랑스 혁명 이후, 혼란에 빠진 국가의 권력을 잡은 인물이 있습니다. 바로 급진적 혁명가 로베스피에르Robespierre입니다. 그는 1793년 모든 농산물의 가격이 올라 농민들의 삶이 불안해지자, 생필품 가격이 일정 수준 이상 올라가지 않도록 상한선을 정하는 정책을 펼쳤습니다. 농산물뿐 아니라 우윳값 역시 절반 가격으로 내렸습니다. 프랑스 어린이들이 저렴한 가격에 우유를 먹을 수 있도록 하겠다는 의도였지요. 그의 의도대로 프랑스의 국민은 낮은 가격에 생필품을 구입해 편안한 생활을 누릴 수 있었을까요?

로베스피에르가 실시한 정책처럼 어떤 상품의 가격이 특정선 이상으로 올라가지 못하도록 최고 수준을 정하는 제도를 '최고가격제'라고 합니다. 최고가격제를 실시하는 이유는 소비자를 보호하기 위해서입니다. 우유 가격이나 농산물 가격이 지나치게 비싸지면 소비자의 생활이 어려워질 수 있기에 만든 제도지요. 우리나라에도 아파트를 분양할 때 최고가격을 설정하는 제도, 이자율이 지나치게 높은 대출로 서민에게 피해가 가는 것을 막기 위해 법정최고이자율을 정하는 제도 등이 존재합니다.

이렇게 훌륭한 취지에서 시작된 제도임에도 최고가격제의 부작용을 지적하는 경제학자도 많습니다. 최고가격제가 소비자를 보호하기는커녕 오히려 힘들게 만들 수도 있다는 것이지요. 로베스피에르가 실시한 최고가격제도 마찬가지였습니다. 그가 실시한 '반값 우유' 정책은 엄청난 부작용을 불러왔습니다. 젖소를 키우던 농민들은

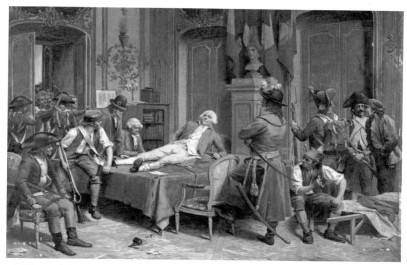
지나친 공포정치로 습격당하는 로베스피에르

우유를 팔아도 이득이 남지 않자 소를 도살해서 소고기를 팔기 시작했습니다. 우유 공급량이 줄어들자 우유값이 폭등했고 암시장에서 몰래 우유를 사고파는 사람들도 생겼습니다. 다른 상품 시장도 비슷한 상황을 맞았습니다. 빵 한 덩어리 가격이 일반 근로자의 일주일 치 임금 수준으로 치솟았고, 농산물을 구경하기도 어려워졌습니다.

　이처럼 최고가격제가 실시되면 공급자들은 상품을 생산해 팔아도 별다른 이득이 없다고 판단해 상품 생산을 중단하거나 줄입니다. 그러나 최고가격제를 실시하는 상품 중 대부분은 필수품입니다. 수요는 많은데 상품이 귀하다 보니 소비자끼리 암시장에서 비싼 값에 상품을 사고팔거나 긴 시간 줄을 서서 상품을 사게 됩니다. 이런 부작용이 일어날 수 있기 때문에 최고가격제를 실시하기 전에 정부는 충분한 고민을 해야 합니다.

최저임금제

정부가 임금의 최저 기준을 정하는 이유는?

편의점 아르바이트를 시작한 경필이. 시간당 5,000원밖에 주지 않는다는 사장님의 말에 망설였지만, 결국 일을 시작했습니다. 돌아온 월급날, 임금을 받고 보니 허탈했습니다. 한 달 중 20일 동안 네 시간씩 일했지만 경필이에게 돌아온 돈은 고작 40만 원뿐이었기 때문입니다. 경필이가 40만 원을 받은 것은 정당한 일일까요? 아닙니다. 우리나라에는 최저임금제라는 제도가 존재하기 때문에 시간당 5,000원만 근로자에게 주는 건 불법입니다.

'최저임금제'는 고용주(근로자를 고용하는 사장)가 근로자에게 일정 금액 이상의 임금을 지급하도록 법으로 강제하는 제도입니다. 원래 자유로운 노동시장에서는 근로자와 고용주가 시장에서 거래하는 과정에서 자연스럽게 임금이 결정됩니다. 이 임금이 근로자가 생계를 유지할 수 있을 만큼 충분한 수준이면 좋겠지만 현실은 그렇지 않을 수 있습니다. 대체로 고용하는 업체 숫자보다 근로자 숫자가 많기 마련이고, 이 경우 낮은 임금을 줘도 일할 사람이 많아 근로자가 상대적으로 큰 목소리를 내기 어려운 약자가 되기 쉽습니다. 고용주가 턱없이 낮은 임금을 줘도 근로자가 이를 받아들여야만 하는 상황이 오는 것이지요. 그래서 낮은 임금을 받으며 지내는 근로자를 보호하기 위해 최저임금제가 존재하는 것입니다. 저임금 근로자들의 생계유지를 위해 국가에서 최소한의 임금 수준을 정하는 것이지요. 2021년 기준으로 최저임금은 8,720원입니다.

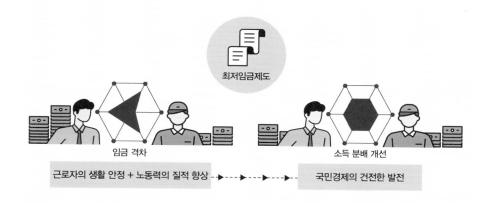

최저임금제도의 개념을 표현한 그림

　최저임금은 누가 정할까요? 해마다 사용자 측(근로자를 고용하는 기업주)과 근로자 측, 공익위원이 모두 모여 구성된 최저임금위원회라는 기구에서 의논해 결정합니다. 최저임금제를 정할 시기가 되면 논란이 일기도 하지요. 최저임금을 얼마나 올리느냐에 따라 고용주와 노동자의 이득과 손해가 달라지기 때문입니다. 고용주 측에서는 최저임금을 너무 높게 올리면 기업 운영에 돈이 많이 들어 오히려 고용이 줄어든다고 주장합니다. 반면 근로자 측은 최저임금을 일정 수준 이상 올려야 근로자의 기본 생활이 보장될 수 있다고 주장합니다.

　중요한 것은 최저임금제가 근로자의 기본적인 생계를 지켜 주고 노동의 정당한 대가를 받도록 돕기 위한 제도라는 사실입니다. 고용주와 근로자 양쪽이 최저임금제의 취지를 이해한 상태로 충분한 협의를 거쳐 구체적인 금액을 결정할 필요가 있습니다.

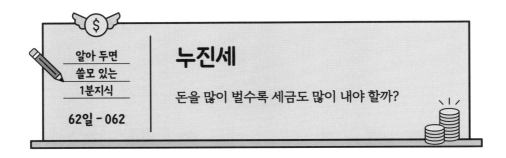

누진세

돈을 많이 벌수록 세금도 많이 내야 할까?

잉글랜드 프리미어리그에서 뛰고 있는 손흥민 선수. 알려진 바에 따르면 손흥민 선수의 2021년 연봉은 주급 20만 파운드(약 3억 1,600만 원), 연봉은 1,200만 파운드(약 189억 6,000만 원)라고 합니다. 그렇지만 손흥민 선수는 이 금액 중 약 40% 이상을 영국 정부에 세금으로 내야 합니다. 물론 영국에 사는 모든 사람이 이 정도의 소득세를 내는 것이 아닙니다. 영국은 나라 안에서 얻는 소득이 5억 원을 넘는 경우 무려 소득의 42%를 세금으로 뗍니다. 소득이 많을수록 더 많은 세금을 내는 것이지요. 우리나라에서도 마찬가지입니다. 이것은 국가가 소득세나 재산세를 걷을 때 '누진세'라는 원칙을 따르기 때문입니다.

'누진세'는 소득이 많은 사람에게 더 높은 세율을 적용해서 걷는 세금입니다. 예를 들어 우리나라에서 1년에 1,200만 원 이하의 돈을 버는 사람은 6%의 세금만 내면 됩니다. 그렇지만 소득이 늘어날수록 세금 비율이 늘어나 1.5억 이상을 버는 사람은 38~45%의 세금을 냅니다. 이처럼 소득 수준에 따라 세율을 달리해 걷는 이유는 무엇 때문일까요? 소득이 많은 계층에게 세금을 더 걷고, 가난한 이들에게 세금을 적게 걷으면 두 계층 사이의 소득 차이가 줄어들게 되니 경제적 불평등을 줄일 수 있습니다. 소득세뿐 아니라 법인(회사)이 벌어들이는 돈에 매기는 법인세, 상속세(아무런 대가 없이 A가 B에게 사망 후에 재산을 물려주는 것), 증여세(생전에 재산을 물려주는 것) 등도 누진세 체제를 따릅니다.

누진세와 다른 비례세와 역진세라는 세금도 있습니다. 비례세는 소득이나 세금 부과 대상의 금액이 얼마든 상관없이 모두 똑같은 세율을 매기는 세금입니다. 부가가치세가 대표적인 사례입니다. 우리가 사는 상품 대부분에는 10%의 세금이 매겨져 있는데, 이처럼 상품을 살 때 그 상품에 붙는 세금이 바로 부가가치세입니다. 평소에 의식하기는 어렵지만, 1,000원짜리 과자를 사면 100원을 부가가치세로 내는 셈입니다.

과세표준	세율(%)
1,200만 원 이하	6
1,200 ~ 4,600만 원	15
4,600 ~ 8,800만 원	24
8,800만 ~ 1억 5,000만 원	35
1억 5,000만 ~ 3억 원	38
3 ~ 5억 원	40
5 ~ 10억 원	42
10억 원 초과	45

소득세 세율

역진세는 소득이 적은 사람들에게 더 높은 세율을 적용하는 세금인데, 실제로 찾아보기는 어렵습니다. 소득 불균형을 더 심각하게 만들 수 있기 때문에 현실에 존재하기 어렵지요.

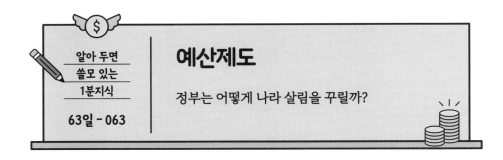

예산제도

정부는 어떻게 나라 살림을 꾸릴까?

경필이는 매달 부모님께 용돈을 받습니다. 용돈의 한도 내에서 먹고 싶은 것을 먹고, 버스 요금을 내고 남은 돈은 저축하지요. 경필이의 부모님도 마찬가지입니다. 회사에서 일해 받은 월급을 쪼개 쓰고 남은 돈을 저축하며 지냅니다. 경필이와 부모님이 용돈과 월급을 수입으로 삼아 살림을 꾸려 가는 것처럼 국가도 수입 가운데서 지출을 하며 살림을 해 나가야 합니다. 보통 정부는 1년을 기본 단위로 해서, 소득과 지출을 통해 나라 살림을 꾸려 가는데, 이를 재정활동이라 일컫지요.

정부의 살림은 규모가 크기 때문에 어떻게 소득과 지출을 꾸려갈지 1년 전에 미리 계획을 전부 세웁니다. 정부의 살림살이인 재정활동을 위해 소득과 지출을 계획하고 금액으로 나타내는 것을 '예산'이라고 합니다. 세입歲入은 나라 살림을 운영하기 위해 필요한 돈을 마련하는 활동입니다. 주요한 수입원은 국민이 내는 세금(조세)입니다. 물론 세금 외에도 국민이 내는 수수료나 벌금 등의 수입도 존재하기는 하지만 대다수 수입은 세금에서 나오기 때문에, 정부가 벌어들이는 수입을 세입이라고 부릅니다.

세출歲出은 정부가 여러 가지 목적을 위해 벌어들인 수입을 지출하는 활동을 말합니다. 세금을 활용하여 국방에 쓰기도 하고, 치안이나 질서 유지에 돈을 쓰기도 합니다. 교육 시설이나 지방 행정, 복지, 보건 등 다양한 분야에 쓰기도 하지요.

국가의 살림살이가 일반 가정의 살림살이와 비슷한 점도 있지만 다른 점도 있습니다. 경필이의 부모님은 회사에서 벌어 온 소득을 먼저 파악하고, 그 한도 안에서 지출과 저축을 합니다. 그러나 재정활동은 그 반대입니다. 먼저 1년 동안 나갈 돈이 얼마나 되는지 지출(세출)을 정한 다음, 그에 맞추어 세금을 얼마나 걷을 것인지(세입)를 결정합니다.

그렇다면 나라 살림 중에서 어떤 분야에 구체적으로 얼마나 돈을 쓸 예정인지 누가 결정할까요? 만약 정부가 마음대로 돈을 쓴다면 권력 남용 문제가 생기기 때문에, 국민이 뽑은 대표기관인 국회가 이 일을 합니다. 국회는 세금을 얼마나 내야 하고 어떻게 쓸지 최종 결정을 하지요. 우리나라 법에는 국회에서 정한 법률에 의해서만 세금을 걷게 정해져 있습니다. 이를 조세법률주의라고 합니다.

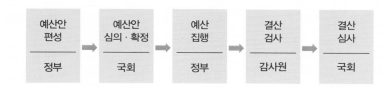

예산을 결정하는 국회 내부 모습(하)과 그 과정(상)

경제협력개발기구

'OECD 기준'은
왜 뉴스의 단골 멘트가 되었을까?

"우리나라는 OECD 회원국 기준으로 세계 ○위입니다."

"우리나라의 △△평균은 OECD 평균보다 높습니다."

뉴스나 신문에서 국가 간 비교를 할 때 OECD라는 말을 자주 들을 수 있습니다. 이때 OECD란 정확히 무엇을 의미할까요?

OECD는 우리말로 옮기면 '경제협력개발기구Organization for Economic Cooperation and Development'입니다. 이 기구는 회원국의 경제성장과 생활수준 향상, 무역 확대 등을 위해 세계 30여 개의 국가들이 모여 만든 모임입니다. 예외도 있지만, 대체로 회원국은 민주주의와 시장경제가 어느 정도 안정되어 있는 선진국이 많습니다.

OECD는 원래 서유럽 국가들이 모여 만든 유럽경제협력기구OEEC라는 국제기구가 새롭게 바뀌면서 시작된 국가 모임이었습니다. OEEC에 속해 있던 서유럽 18개국에 1960년대 미국과 캐나다를 회원국으로 포함시키며 20개국으로 시작되었습니다. 이후 호주와 일본 등의 국가들이 차례로 OECD 회원국이 되었고, 우리나라는 1996년 12월 이 모임에 가입했습니다.

OECD는 회원국의 경제협력을 활발히 하기 위해 노력합니다. 구체적으로 조정이나 지시를 하는 기구는 아니지만, 회원국들이 관심 있는 분야의 정책에 대해 서로 토론하고, 좋은 정책을 개발해 회원국에 그 정보를 제공하는 역할을 합니다. 이 과정에서 회원국의 각종 자료를 수집하고 분석하여 통계를 만들어 내지요. 이 자료에는 경제 성장률, 실업률, 물가 등 일반적인 통계뿐 아니라 각 국가의 교육 발전 정도, 농업이나 과학 연구, 대기오염 등 다방면에 대한 조사 결과가 포함되어

파리에 있는 OECD 본부

있습니다. 신문에서 "우리나라는 OECD기준으로 ○○위를 하였습니다"라는 식의 이야기를 쉽게 접할 수 있는 것은 이 때문입니다. 전 세계 상위 국가들이 대부분 속해 있는 기구이기 때문에 그만큼 국가 간 비교가 의미 있기도 합니다.

다른 국제적인 경제기구인 국제통화기금과 세계무역기구WTO 등 다른 국제기관과도 협력하고 있습니다. 현재 파리에 본부가 있으며, 2019년 10월 기준 37개국이 속해 있습니다.

OECD 회원국 ■창립 회원국 ■창립 이후에 가입한 회원국

독점규제 및 공정거래에 관한 법률

정부가 불공정한 게임 규칙을
바로잡을 수 있을까?

2019년 청주시의 유명 교복 브랜드 대리점들이 잘못된 행위를 한 것이 적발되어 벌금을 문 일이 있었습니다. 이들은 몰래 모여 중·고등학교에 납품하는 교복 가격을 일정한 값 이상으로만 받기로 결정했습니다. 그로 인해 학생들이 고스란히 피해를 보았지요. 이처럼 공급자 간의 불공정한 거래로 소비자가 피해를 입는 경우를 방지하기 위해 우리나라에는 독점규제 및 공정거래에 관한 법률이라는 것이 존재합니다.

'독점규제 및 공정거래에 관한 법률'은 시장 내의 자유로운 경쟁을 위해 사업자가 시장에서 지배적 지위를 남용하거나 과도하게 경제력이 한쪽에 집중되는 것을 방지하는 법입니다. 한마디로 소수의 기업이 시장 안에서 가격과 생산량을 좌지우지하며 엄청난 힘을 발휘하는 것을 막기 위한 법이지요. 특히 시장에서 공급자가 하나인 독점이나 2~3개인 과점 기업은 자신들의 이익을 위해 비싼 값에 상품을 팔 수 있는 힘이 있습니다. 가격이 올라갈수록 소비자의 손해도 늘어나지요. 이러한 문제를 방지하기 위해 공정거래법을 만들고 이 법에 근거해 공정거래위원회를 설립합니다. 공정거래위원회는 독점과 과점을 방지하며 부당한 공동행위와 불공정거래를 규제하는 행정기관입니다.

공정거래법은 과점기업의 담합을 금지합니다. 앞에서 본 교복 업체의 예와 같이 과점기업은 소수이기 때문에 몰래 모여 가격을 합의해 결정하거나 물량을 정해 판매할 수 있습니다. 이를 담합 또는 카르텔이라고 부릅니다. 만약 국내의 세 개 이동

공정거래위원회

통신사가 몰래 모여 통신비를 비싸게 받기로 결정하면 시장에 해당 서비스를 공급하는 사업자가 하나만 있는 독점기업처럼 움직일 수 있습니다. 별수 없이 높은 가격에 상품을 구매하게 되어 소비자들이 피해를 입게 되지요. 공정거래위원회에서는 이러한 담합행위를 부당공동행위로 규정하고 엄하게 처벌합니다. 물론 기업이 몰래 모여 담합하기 때문에 이를 찾아내기는 매우 어렵습니다. 따라서 공정거래위원회는 맨 처음 담합 사실을 자진 신고하는 회사에 대해서는 벌금을 면제해 주기도 합니다.

담합 외에도 공정거래법에서는 두 개 이상의 기업이 결합해 독점적 지위를 누리는 것을 제한하기도 하고, 불공정한 거래가 이루어지지 않는지 감시합니다.

경제안정화정책

경제의 적절한 체온 유지,
정부와 중앙은행이 할 수 있을까?

우리의 체온은 대체로 일정한 수준을 유지하지만, 몸이 좋지 않을 때에는 이상 신호가 오기도 합니다. 이럴 때에는 적절한 대책이 필요합니다. 열이 올라 체온이 너무 높을 때에는 해열제를 먹어야 하고, 반대로 체온이 낮을 때에는 몸을 따뜻하게 감싸주어야 하지요. 대체로 국가경제의 상황은 과열되거나 침체되는 시기를 차례대로 거치며 주기적으로 변합니다. 경기가 과열될 때에는 몸에 열이 나는 상태와 비슷합니다. 소비와 생산, 투자가 활발하게 이루어져서 일자리 걱정이 크지 않습니다. 고용도 어느 정도 안정되지요. 그렇지만 사람들의 소득과 상품 소비가 늘다 보니 물가가 올라갈 수 있다는 위험성이 있습니다. 반대로 경기가 침체될 때에는 저체온 상태에 비유할 수 있습니다. 기업의 생산과 투자가 잘 이루어지지 않고 고용도 활발히 이루어지지 못해 실업률이 높아집니다. 일자리가 줄어드는 상황에서는 소비 활동도 위축되지요. 이런 상태에서는 물가가 올라가지 않고 안정되는 경우가 많습니다. 보통 물가가 안정된 불황기에는 일자리가 부족하기 쉽고, 고용이 안정된 호황기에는 물가가 올라가 불안하기 쉽습니다. 호황기에도 불황기에도 각각 나름의 문제가 존재하는 것이지요. 특히 호황이나 불황이 심각할 때에는 물가 불안이나 일자리 부족으로 국민의 생활 자체가 불안정해질 수 있습니다.

따라서 누군가가 심각한 불황이나 호황이 오지 않도록 노력해야 합니다. 이때 나서는 주체가 정부나 중앙은행입니다. 경기가 불안정해 물가와 실업문제가 심각해지

경기가 과열될 때는 몸에 열이 나는 상태와 비슷하다.

는 것을 막기 위해 몇 가지 정책을 펼칩니다. 이를 '경제안정화정책'이라 합니다. 경제를 안정시키기 위해 정부는 재정정책이라는 것을 펼칩니다. 정부가 재정정책에 사용할 수 있는 도구는 정부의 지출과 조세입니다. 중앙은행은 통화정책, 즉 시중에 돌아다니는 돈의 양이나 이자율을 조정하는 정책을 펼칠 수 있습니다. 경제를 안정시키기 위해 두 기관은 각각 가진 무기를 사용하여 최선의 정책을 펼칩니다.

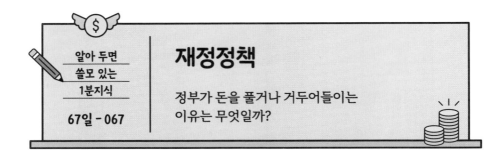

재정정책

정부가 돈을 풀거나 거두어들이는
이유는 무엇일까?

미국 정부는 2020년 코로나19로 소비와 생산 활동이 줄어들고 국민이 경제적 어려움을 겪자 대규모 '돈 풀기' 정책을 실시했습니다. 경제적으로 어려움을 겪는 국민을 돕기 위해 1인당 약 1,200달러(약 135만 원)의 재난지원금을 지급한 것이지요. 1차부터 3차 지원금을 지급하기 위해 미국 정부가 쓴 돈은 약 4조 달러(약 4,466조 원)에 이릅니다.

이처럼 정부가 국민에게 대규모로 돈을 푸는 경우도 있고, 반대로 돈을 거두어들이는 경우도 있습니다. 이를 '재정정책'이라고 합니다. 경기가 지나치게 침체되거나 과열되는 것을 막아야 나라 경제가 건전하게 성장할 수 있기 때문에 정부는 재정정책을 실시합니다.

재정정책에 정부가 쓸 수 있는 도구는 두 가지입니다. 국민으로부터 거두어들이는 세금, 그리고 정부의 지출입니다. 만약 경기가 나쁘면 정부는 개인이나 기업으로부터 걷는 세금 비율을 낮추고 공사를 벌리거나 필요한 물품을 많이 삽니다. 세금을 덜 낼 수 있게 된 가계와 기업은 주머니가 두둑해지고 시장에 돌아다니는 돈(통화량)이 늘어납니다. 더불어 정부가 돈을 쓰니 시중에 돈이 풀리는 효과가 더해지지요. 덕분에 소비자나 기업은 더 많은 소비를 하고, 투자도 늘리게 됩니다. 이로 인해 생산이 활발해지면서 국가 총수요(가계와 기업, 정부 등 한 나라의 모든 경제 주체가 사려고 하는 나라 안에서 생산된 상품의 합)의 증가로 이어지지요. 이렇게 경기가 침체될 때 총수요를 늘려 경기를

	경기과열 물가상승 문제 (인플레이션)	세율 인상 정부 지출 감소	시중의 돈을 거두어들이는 효과 (통화량 감소)	총수요 축소
	경기침체 시 실업률 상승 문제	세율 인하 정부 지출 확대	시중에 돈을 풀어 주는 효과 (통화량 증가)	총수요 확대

재정정책의 효과

살리려는 정책을 확장 재정정책 혹은 적자 재정정책이라고 합니다. 반대로 사람들이 돈을 너무 많이 써서 경기가 과열되고 물가가 상승할 때, 정부는 세금의 비율을 높이거나 정부의 지출을 줄입니다. 시중에 돌아다니는 돈을 거두어들이는 효과를 내는 셈이지요. 이 경우에는 세금을 더 내게 된 개인이나 기업은 소비와 투자를 줄입니다. 시중에 돌아다니는 돈의 양이 줄어들면서 총수요가 줄어들고, 자연스럽게 물가상승이 진정됩니다. 경기과열도 해결됩니다. 이를 긴축 또는 흑자 재정이라고 합니다.

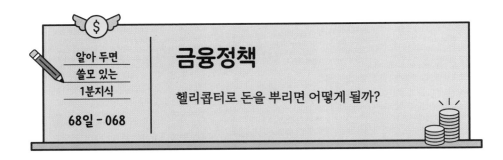

금융정책

헬리콥터로 돈을 뿌리면 어떻게 될까?

어느 날 헬리콥터가 날아와 하늘에서 엄청난 양의 돈을 땅으로 뿌린다면 어떤 일이 벌어질까요?

약 50년 전, 밀턴 프리드먼Milton Friedman이라는 경제학자가 던진 질문입니다. 그의 말대로 정부가 돈을 많이 찍어 낸 다음 헬리콥터로 뿌린다면 사람들은 그 돈을 급히 주워 옷을 사 입거나 맛있는 음식을 사 먹을 것입니다. 전국 방방곡곡에서 이런 일이 벌어진다면 국내의 소비활동이 활발해질 것입니다. 덕분에 기업의 매출이 늘면서 경기가 활발해지겠지요. 그렇다면 경기가 나쁠 때마다 정부가 돈을 많이 찍어 사람들에게 나누어주면 될 텐데, 왜 그렇게 하지 않는 것일까요?

시중에 돌아다니는 돈, 통화량은 냇물에 비유할 수 있습니다. 가뭄이 와서 냇물이 말라도, 홍수가 나서 물이 넘쳐도 물의 흐름을 원활하지 못합니다. 통화량도 비슷합니다. 통화량이 부족해 돈의 흐름이 원활하지 못하면 이를 돕기 위해 돈을 쏟아부어 줍니다. 돈의 흐름이 과도해 경기가 과열되면 통화량을 줄입니다. 이렇게 통화량을 조절하며 경기를 안정시키는 정책을 '금융정책(통화정책)'이라 합니다.

문제는 돈의 흐름을 조절하는 방법입니다. 실제 중앙은행이나 정부가 돈을 많이 찍어 헬기로 뿌리면 사람들의 소비가 과도하게 늘어 물가가 끝도 없이 치솟습니다. 반대로 경기가 과열되었다고 해서 사람들의 주머니에서 억지로 돈을 빼앗을 수도 없는 노릇이지요. 따라서 중앙은행에서 금융정책을 펼칠 때는 간접적인 수단을 사용합

시중에 도는 돈의 양이 많아져도 경기가 어려워지기 때문에 정부는 돈의 생산을 적절히 조절한다.

니다. 정부나 중앙은행, 공공기관이 국공채라는 공인된 차용증서를 사람들에게 사고 팔며 통화량을 조절하는 방법이 그 예입니다. 경기가 과열되면 중앙은행은 일반인들에게 차용증서인 채권을 팔고 돈을 빌립니다. 그러면 개인이 가지고 있는 돈이 중앙은행으로 흡수되며 시중에 있는 돈이 줄어들고 과열되었던 경기가 안정되는 효과가 나타나지요. 반대로 시중에 돌아다니는 돈이 너무 부족해 경기가 나쁠 때는 중앙은행이 국공채를 사들이면서 사람들에게 돈을 풉니다. 덕분에 통화량이 늘어나면서 주머니가 두둑해진 사람들이 소비나 투자를 늘리고, 다시 경기가 활기를 띨 수 있습니다. 이렇게 국공채를 사고팔며 경기를 안정시키는 정책을 공개시장운영이라고 부릅니다.

공개시장운영 외에도 금융정책에는 다양한 방법이 있습니다. 일반 은행이 중앙은행에서 돈을 빌릴 때 적용하는 이자율을 높이거나 낮추는 재할인율정책, 은행이 가지고 있는 예금 중 기업에 대출해 주고 남겨 놓는 예비자금의 비율을 높이거나 낮추면서 경기를 조절하는 지급준비율정책 등도 모두 금융정책에 해당하지요.

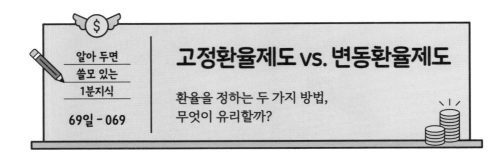

고정환율제도 vs. 변동환율제도

환율을 정하는 두 가지 방법,
무엇이 유리할까?

"원·달러 환율이 최고치인 1,995원을 기록했습니다."

1997년 12월 23일, 뉴스에서 다음과 같은 소식이 흘러나왔습니다. 환율은 우리나라 화폐와 다른 나라 화폐 사이의 교환 비율을 말합니다. 2021년 기준 1달러의 값은 우리나라 돈으로 1,000원~1,200원 정도 합니다. 그에 비해 IMF 위기 직후인 1997년 당시 1달러는 2,000원에 가까울 정도로 비쌌습니다. 이처럼 달러의 값이 변할 수 있는 이유는 우리나라의 환율이 수시로 변하는 '변동환율제도'에 따라 결정되기 때문입니다.

외국과 거래를 하거나 해외로 여행을 하려면 다른 나라 돈이 필요하기 때문에 명확한 교환 비율을 정해 두어야 합니다. 우리나라처럼 변동환율제도를 선택하는 국가의 경우, 시장에서 물건의 가격이 정해지듯 외환시장의 가격인 환율이 정해집니다. 즉 외화(외국 화폐)를 사려고 하는 수요와 외화를 팔려고 하는 공급이 어떻게 변하느냐에 따라 환율이 결정됩니다. IMF 직후 우리나라의 경제 상황은 외국인들이 가지고 있던 한국의 주식을 판 다음에, 한국 돈을 외국 돈으로 바꾸려고 했습니다. 외환시장에 달러를 사려는 사람(수요)이 많아지면서, 원·달러 환율이 높아진 것이지요.

세계 모든 국가의 환율이 수시로 변하는 것은 아닙니다. 예를 들어 홍콩의 환율은 1983년부터 1달러당 7.75~7.85홍콩달러 정도로 일정한 수준을 유지하고 있습니다. 미국달러화에 환율을 고정시켜 놓기 때문입니다. 이처럼 환율이 변하지 않고 일정한 수준으로 유지되는 제도를 '고정환율제도'라고 합니다. 통화 가치를 말뚝에 묶어 놓는 것처럼 고정시킨다고 해서 말뚝이라는 뜻의 영어를 써서 페그peg 제도라고도 부릅니다.

미국달러와 홍콩달러

두 제도는 각기 장단점이 있습니다. 변동환율제도는 국내외의 경제 상황에 따라 갑작스럽게 환율이 크게 오르락내리락할 수 있습니다. 만약 달러가 너무 비싸지면 외국에서 수입해 오는 상품이나 원재료의 가격이 올라서 물가가 크게 오릅니다. 반대로 환율이 크게 내려서 우리나라 돈이 비싸지면, 수출 상품의 가격이 비싸져서 수출이 잘되지 않습니다. 급격하게 환율이 변하다 보니 경제가 불안해지는 단점이 있습니다. 반면 장점도 있습니다. 무역 적자나 흑자가 심각해서 불균형이 심할 때에는 환율이 변하면서 과도한 적자나 흑자가 어느 정도 자동 조절됩니다.

고정환율제의 장단점은 변동환율제도의 정반대라고 생각하면 됩니다. 수시로 바뀌는 환율 때문에 경제가 불안정해지는 문제가 없습니다. 그렇지만 환율이 고정되어 있으니 다른 나라의 경제 상황에 제대로 대응하지 못하고, 무역 적자나 흑자가 심각해도 고정된 환율 때문에 불균형이 자연스럽게 해결되지 않아 정부에서 반드시 개입해야 한다는 문제가 있습니다.

최저임금제,
근로자에게 도움이 될까?
_최저임금제를 둘러싼 논란

 1970년 11월 13일, 동대문에 위치한 평화시장. 한 청년이 "우리는 기계가 아니다. 근로기준법을 준수하라"며 몸에 기름을 끼얹고 불을 붙였다. 그날 숨을 거둔 청년의 이름은 전태일. 당시 평화시장의 의류공장에서 일하던 재단사였으며, 열악한 근무환경 개선을 위해 노동운동을 하던 인물이기도 했다. 전태일은 17세에 처음 한 회사에 미싱 보조로 취직했는데, 그 때 받았던 일당이 50원이었다. 당시 차 한 잔 값 정도에 해당하는 돈으로, 하숙비도 감당하기 어려웠다. 모자라는 돈은 구두닦이를 하거나 껌이나 휴지를 팔아 보충해야 했다. 당시 우리나라에는 최저임금제도가 존재하지 않았다. 생계유지가 어려운 수준의 임금을 받아도 근로자들은 별다른 항의 없이 받아들여야 하는 처지였다.

 1986년이 되어서야 저임금 근로자의 최소한의 생활 수준을 보장하기 위해 최저임금법이 만들어진다. 1988년 처음 시행될 때 시간당 462원이었던 최저임금은 2021년 8,720원까지 상승했다. 그러나 경제학자들 사이에서도 최저임금제도에 대한 찬반 논란이 있다. 찬성과 반대의 근거는 각각 무엇일까.

 찬성의 입장에서는 최저임금제의 실시로 근로자의 생활이 안정되고 소득을 재분배하는 데도 도움이 된다고 말한다. 이뿐만 아니라 최저임금을 받는 계층의 소득이 늘어나게 되면 생필품 외에도 다른 것을 소비할 여유가 생긴다. 소비가 늘어나니 기업의 생산이 활발해져 기업에도 도움이 된다는 이야기다.

동대문 시장에 위치한 전태일 열사의 흉상

반면 반대의 입장에서는 최저임금제가 오히려 전체 일자리를 줄일 수 있다고 주장한다. 우리나라는 전체 취업자의 24%가 치킨집이나 피자집, 편의점 등 자영업을 하는데, 최저임금의 수준을 높이면 파트타이머를 고용해 운영하는 이들에게 큰 부담이 된다는 것이다. 그러다 보니 중소기업이나 자영업처럼 운영이 넉넉지 않은 곳에서 일하는 근로자는 일자리를 잃을 수 있다. 최저임금제로 부담이 늘어난 기업은 고용을 줄이게 되고 그로 인해 실업자가 된 이들이 소비를 줄이면서 전체 경제에 나쁜 영향을 끼칠 수 있다는 것이다.

어느 쪽 이야기가 옳은지 경제학자들 사이에서도 의견이 나뉜다. 그러나 저임금 근로자나 영세한 자영업자 등에게 사회 전체의 소득이 제대로 분배되지 않고 있다는 사실만은 분명하다. 최저임금제를 바라볼 때에는 우리 사회의 경제 성장뿐 아니라 소득 재분배의 문제까지 폭넓게 고민할 필요가 있다.

국가가 전 국민에게
매달 공짜월급을 나눠 준다면?
_기본소득제 도입 찬반 논란

미국 알래스카주 사람들은 매년 10월을 기다린다. 10월마다 주 정부에서 모든 거주민에게 한 명당 100~200만 원의 돈을 나누어 주기 때문이다. 이 무렵이 되면 쇼 핑몰이 붐비는 광경을 볼 수 있다. '알래스카 영구기금'이라고 불리는 제도 덕분으로 이 돈은 대체 어디에서 나오는 것일까. 알래스카는 석유자원이 풍부한 곳이다. 석유 를 통해 얻은 수익으로 기금을 만들어 1년에 한 번씩 거주민 전체에게 나누어 주는 것이 영구기금제도다. 이 제도는 1974년에 시작되었다. 당시 알래스카 주지사였던 제이 해먼드Jay Hammond는 '석유는 알래스카 주민 모두의 것'이라는 생각으로 이 제 도를 추진했다고 한다.

알래스카의 영구기금제도는 최근 우리나라에서도 화제가 되고 있는 기본소득제 를 떠올리게 한다. 기본소득은 재산이나 소득, 직업 유무와 상관없이 모든 국민에게 일정한 현금을 규칙적인 간격으로 나누어 주는 제도를 말한다. 기본소득이 화제가 되고 있는 이유는 4차 산업혁명 때문이다. 미래 인공지능과 로봇이 사람의 일자리를 대신하게 되면 인간은 생계를 유지할 일자리와 소득을 갖지 못할 수 있다. 이 때문에 국가가 기본소득을 나누어 주어야 한다는 주장이 나오고 있다.

우리나라도 알래스카처럼 기본소득제를 도입할 수 있을까? 찬성과 반대 여론이

석유를 수송하는 파이프라인이 길게 뻗어 있는 알래스카

팽팽하게 부딪히는 중이다. 찬성의 입장에서는 취약계층을 추려 도와주는 지금까지의 복지제도보다 기본소득이 효과적일 것이라 생각한다. 취약계층을 추리는 데 들어가는 시간과 비용을 아낄 수 있기 때문이다. 또 자신이 하고 싶은 일을 적극적으로할 수 있어 보다 의욕적으로 살 수 있을 것이라고 한다.

반면 반대의 입장에서는 세금을 거두어 만든 나랏돈이 한정되어 있다는 사실을 강조한다. 국민에게 매달 기본소득을 30만 원씩만 나누어 주어도 한 해에 186조가 들어간다는 연구 결과가 나왔다. 이 돈은 우리나라 보건·복지·고용 예산을 다 합친 금액과 비슷하다. 또 모든 사람에게 나누어 주다 보니 정작 도움이 꼭 필요한 사람을 돕지 못할 수도 있다. 더욱이 사람들이 나태해지고 근로 의욕이 떨어져서 경제성장에 방해가 될 것이라는 주장도 있다.

아직 국가 차원에서 기본소득을 나누어 주는 나라는 전 세계 어디에도 없다. 그러나 4차 산업혁명이 진행될수록 기본소득에 대한 논의는 전 세계 곳곳에서 이루어질 것이다. 전 국민이 공짜월급을 받는 세상이 올 것인지 궁금해지는 시점이다.

6장

경제지표

- ☑ 국내총생산
- ☐ 국민총생산
- ☐ 경제성장률
- ☐ 물가지수
- ☐ 빅맥지수
- ☐ 기준금리
- ☐ 코스피지수
- ☐ 비트코인
- ☐ 로렌츠 곡선과 지니계수
- ☐ 십분위분배율
- ☐ 상대적 빈곤율
- ☐ 실업률
- ☐ 환율
- ☐ 외환보유고
- ☐ 국제수지

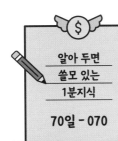
국내총생산

국가경제의 키와 몸무게도 잴 수 있을까?

우리는 매년 신체검사를 하여 작년에 비해 키와 몸무게가 얼마나 늘었는지 확인합니다. 이를 통해 신체 발달 사항을 확인하고 다른 친구들과 나의 신체 치수를 비교해 보기도 하지요. 한 국가의 경제 상황도 마찬가지입니다. 그 국가의 경제 규모가 얼마인지 수치로 확인해야, 경제성장이 이루어지고 있는지, 다른 나라에 비해 상황이 어떤지 파악할 수 있지요. 그리고 한 나라의 경제 규모를 알아내는 데 가장 많이 사용하는 지표가 국내총생산Gross Domestic Product입니다.

'국내총생산'의 정의를 뜯어 보면, 일정 기간 동안 한 나라 안에서 생산된 모든 최종생산물의 시장가치의 합을 말합니다. 정의가 길고 복잡하니, 한 항목씩 나누어 의미를 살펴볼까요. 먼저 '일정 기간 동안'에 생산되었다는 것은 과거에 생산된 재화와 서비스를 포함하지 않는다는 의미입니다. 예를 들어 작년에 생산되었으나 재고로 남아 있다가 올해 팔린 자동차의 가치는 올해의 국내총생산에 포함되지 않는 것이지요. '한 나라 안'에서 일어나는 생산활동을 측정한다는 것은 그 나라 안에서 생산된 재화와 서비스를 모두 포함한다는 의미입니다. 이때 생산자가 한국인이든 외국인이든 그 국적은 크게 상관없습니다. 즉 외국인이 우리나라에 와서 생산활동을 한다면 이는 국내총생산에 포함됩니다.

마지막으로 '최종생산물의 시장가치'란 말은, 생산 중간 과정에 필요한 원재료나 중간재의 시장가치 등은 GDP를 계산할 때 뺀다는 이야기입니다. 가령 밀과 버터를

한 나라 안에서 생산된 모든 최종생산물의 시장가치 합을 뜻하는 GDP

사용해 빵을 만들어 제과점에서 판매한다면, 이 경우 소비자에게 직접 팔리는 빵의 가치만 더합니다. 밀과 버터의 가치는 GDP 계산에 포함하지 않지요.

2019년 국가별 GDP 순위를 비교해 보면 생산 규모가 가장 큰 나라는 미국, 그다음이 중국입니다. 2020년 GDP 기준으로 한국의 경제 규모는 세계에서 열 번째에 해당합니다. 이처럼 국내총생산을 통해 여러 나라의 경제 규모를 비교할 수 있습니다.

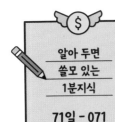

국민총생산

한국 가수가 벌어들이는 외화는
우리나라의 경제 규모 통계에 포함될까?

K-POP은 이제 해외에서 어마어마한 외화를 벌어들이는 효자 상품 중 하나입니다. 미국의 유명 잡지 《포브스Forbes》는 세계적인 보이 그룹으로 성장한 BTS가 2020년 기준으로 약 5,000만 달러(약 600억 원)을 벌어들였다고 발표했습니다. 우리나라에서만이 아니라 전 세계에서 엄청난 돈을 벌어들이고 있는 셈이지요. 그런데 BTS 같은 한국 국적의 가수가 해외에서 벌어들인 외화는 국내의 경제 규모를 계산하는 GDP에 포함이 될까요? 그렇지 않습니다. GDP는 영토 기준의 개념이라 국내에서 생산된 것의 가치만 포함하기 때문입니다.

그렇다면 우리나라 국민이 다른 나라에서 벌어들인 수입까지 포함해서 경제 규모를 계산하는 통계는 없을까요? 있습니다. 국민총생산Gross National Product이라는 개념이지요. '국민총생산'은 한 나라의 국민이 국내 또는 해외에서 생산한 최종생산물의 시장가치를 합한 것입니다. GDP가 영토를 기준으로 한다면 GNP는 국적을 기준으로 하는 지표입니다.

다음 경우를 비교해 보면 GDP와 GNP의 의미를 정확히 파악할 수 있습니다.

(가) 한국 국적의 아이돌 멤버가 국내 활동으로 벌어들이는 수입
(나) 한국에서 활동 중인 외국 국적의 아이돌 멤버가 국내에서 벌어들이는 수입
(다) 한국 국적의 아이돌이 해외에서 벌어들이는 수입

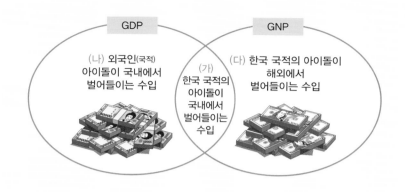

GDP와 GNP의 비교

(가)의 경우 한국 국적의 아이돌 멤버가 국내 활동으로 벌어들이는 수입이기 때문에 국내총생산에도, 국민총생산에도 포함이 됩니다. (나)의 경우 외국인 아이돌 멤버가 국내에서 버는 수입은 우리나라 안의 수입이니 국내총생산에는 포함되지만, 국적이 외국인이므로 국민총생산에는 포함이 안 됩니다. 반면 (다)처럼 한국 국적의 가수가 미국에서 벌어들이는 수입은 우리나라 국민의 수입이니 국민총생산에는 해당되지만, 국내에서 벌어들인 것이 아니니 국내총생산에는 포함이 안 되지요.

예전에는 GDP보다는 GNP가 한 나라의 경제 규모를 측정하는 데 중요한 지표로 쓰였습니다. 그렇지만 세계화로 나라 간 인구 이동이 활발해지고, 다국적 기업이 해외에 공장을 세우는 일이 늘어나면서 GNP보다는 영토를 기준으로 한 GDP를 더 중요한 통계로 여겨지고 있습니다.

경제성장률

경제가 성장 중인지 어떻게 알아볼 수 있을까?

국가 전체의 생산 능력은 커질 수도 있고, 반대로 줄어들 수도 있습니다. 규모가 커진다 해도 예정보다 성장의 비율이 줄어들 수도 있지요. 국가경제 규모가 전년도에 비해 성장했는지, 성장했다면 얼마나 커졌는지 알아보기 위해 구하는 통계가 '경제성장률'입니다.

성적의 변화 정도를 알기 위해서는 평균 점수나 등급 등의 수치가 필요합니다. 그 기준이 되는 것이 국내총생산입니다. 국내총생산은 한 나라의 경제 규모를 측정할 때 많이 쓰이는 통계로, 경제 규모가 작년에 비해 얼마나 커졌는지 확인하면 해당 국가의 경제성장 정도를 알 수 있습니다. 그런데 단순히 국가에서 생산하는 상품의 가치가 얼마나 커졌는지로 경제성장률을 계산하기에는 무리가 있습니다. 상품을 작년보다 더 많이 생산해서 경제 규모가 커졌을 수도 있지만, 상품 생산량은 똑같은데 그 값만 비싸져서 마치 경제가 성장한 것처럼 보일 수도 있기 때문입니다. 콜라를 컵에 따랐을 때 액체의 양은 똑같은데 거품 때문에 많아 보이는 것처럼 말이지요. 그래서 국내총생산을 구할 때도 거품(가격의 상승)을 거두어 내는 작업이 필요합니다.

이처럼 가격 상승의 거품을 거두어 낸 국내총생산을 '실질 국내총생산'이라고 합니다. 실질 국내총생산을 구할 때에는 기준이 되는 연도의 가격은 고정시켜 놓고 해마다 변하는 생산량만 반영해 계산합니다. 가령 2021년의 실질 국내총생산을 구한다면 '기준 연도의 가격 × 그 해의 생산량'으로 계산합니다. 만약 기준 연도가 2020

년이라면, 2021년의 실질 국내 총생산은 '2019년 가격 x 2020 년의 생산량'으로 구할 수 있는 것이지요. 이렇게 실질 국내총 생산이라는 것을 구한 다음 경 제성장률을 구하면 됩니다. 공 식은 다음과 같습니다.

경제성장률은 국가경제 규모가 전년도에 비해 얼마나 성장했 는지를 알려 주는 지표가 된다.

$$경제성장률 = \frac{금년도\ 실질\ GDP - 전년도\ 실질\ GDP}{전년도\ 실질\ GDP} \times 100$$

경제성장률이 플러스(+)라면 그 나라의 경제 규모가 전년에 비해 커진 것이고, 반 대로 마이너스(-)라면 그 나라의 경제 규모가 전년에 비해 작아진 것이겠지요.

그러나 주의할 점은 있습니다. 경제성장률이 아무리 높아져도 이는 '양적 크기'의 증가라는 사실이지요. 경제가 성장하면 국민의 삶이 전반적으로 예전보다 물질적으 로 풍요로워지는 것은 사실입니다. 그러나 삶의 질이 구체적으로 얼마나 높아졌으며 소득 불평등이 개선되었는지 등 경제발전 여부는 단순히 경제성장률로만 판단하기 어렵습니다.

알아 두면
쓸모 있는
1분지식

73일 - 073

물가지수

마트의 물건이 비싸지면 물가가 오른 걸까?

물가物價라는 한자어를 풀어 살펴보면 단순히 물건의 값이라는 뜻이지만 경제학에서의 물가는 시장에서 거래되는 여러 가지 상품의 가격을 평균하여 종합한 것을 말합니다. 한두 개가 아니라, 여러 상품의 가격이 전반적으로 함께 올라야 물가가 상승했다고 말할 수 있는 것이지요.

물가가 기준이 되는 시점에 비해 정확히 얼마나 변했는지 알아보기 위한 통계 지표가 '물가지수'입니다. 물론 우리나라에서 팔리는 모든 상품을 종합해 물가지수를 작성하기는 어렵습니다. 시장에서 팔리고 있는 상품은 무궁무진하게 많으니까요. 측정 대상이 되는 상품을 정한 뒤, 몇 가지 특성에 따라 나누어 소비자물가지수 Consumer Price Index, 생산자물가지수Producer Price Index 등을 구합니다.

소비자물가지수는 가정에서 직접 소비하는 상품과 서비스를 대상으로 측정하는 물가지수입니다. 전국에서 소비자가 사는 상품 중 460개 품목을 추려 그 가격을 바탕으로 계산합니다. 이때에도 소비자들이 자주 찾는 품목에 가중치를 두어 계산을 하는데, 예를 들어 '계란'과 '전복'이 있다면 소비자들이 더 자주 사 먹는 계란에 더 큰 비중을 두어 물가지수를 구하는 식입니다.

소비자물가지수를 구하고 나면 작년에 비해 얼마나 물가가 올랐는지 알려 주는 수치인 물가상승률을 구합니다. 물가상승률을 구하는 공식은 다음과 같습니다.

• **188**

소비자물가지수는 소비자들이 자주 찾는 460개 품목을 추려 계산한다.

$$\text{소비자물가지수 상승률} = \frac{\text{비교년도 소비자물가지수} - \text{전년도 소비자물가지수}}{\text{전년도 소비자물가지수}} \times 100$$

작년의 소비자물가지수가 기준에 해당하니 무조건 100으로 잡습니다. 그와 비교해서 다음 해 물가가 얼마나 올랐는지 또는 내렸는지 파악하는 것이 물가지수입니다. 만일 2021년의 물가지수가 110이라면 전년도인 2020년 물가지수는 100으로 잡기에, 작년에 비해 물가가 10% 상승했다는 의미지요. 생산자물가지수도 마찬가지로 생산자가 생산을 위해 거래하는 원료나 기계 등 900여 개의 품목을 선정해 계산하고, 이를 바탕으로 물가상승률을 구합니다.

물가지수의 흐름에 따라 물가가 과도하게 올랐는지, 혹은 경기가 침체되었는지 파악할 수 있기 때문에, 국가 경제 상황을 판단하는 데 꼭 필요한 경제지표입니다.

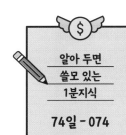

빅맥지수

햄버거는 어떻게 물가를 재는 기준이 되었을까?

전 세계 물가 수준을 보여 주는 맥도널드의
빅맥 가격

세계적인 패스트푸드 프렌차이즈인 맥도널드의 대표 메뉴 중 '빅맥'이라는 햄버거가 있습니다. 전 세계적으로 많이 팔리는 맥도날드의 효자 상품이죠. 이 빅맥 햄버거의 이름을 딴 경제 용어가 있다는 사실을 알고 있나요?

영국의 경제 전문 잡지인《이코노미스트 The Economist》에서는 1986년부터 분기마다 빅맥지수Bic mac index라는 것을 발표합니다. 빅맥지수란 세계 120여 개국에 존재하는 빅맥 햄버거의 가격을 달러로 바꾸어 계산한 다음, 미국의 빅맥 가격과 비교하는 지수입니다. 각 나라의 물가 수준을 평가하기 위한 통계지표이지요.

어째서 각 나라의 물가 수준을 평가하는 데 햄버거 가격이 쓰이는 것일까요? 빅맥은 세계 대부분의 나라에서 판매하는 맥도날드의 대표 상품입니다. 더구나 크기나 재료, 품질이 일정하지요. 그래서 동일한 품질의 빅맥 가격을 세계 각국의 가격과 비교해 보면, 그 나라의 물가 수준을 쉽게 파악할 수 있습니다.

2020년 7월 기준 가장 높은 빅맥지수를 기록한 나라는 스위스로, 그 숫자는 6.91

이었습니다. 미국은 5.71, 영국은 4.28, 태국은 4.08, 한국은 3.75였습니다. 이처럼 빅맥지수는 비교적 간단하게 각 국가의 물가 수준을 파악할 수 있다는 장점이 있습니다. 비슷한 의미에서 개발된 물가지수로 스타벅스에서 파는 카페라떼 가격을 기준으로 한 라떼지수 등이 있습니다.

물론 빅맥지수의 한계점도 있습니다. 빅맥이 전 세계에서 비슷한 과정으로 만들어지고 크기도 규격화되어 있지만, 물가 외 다른 원인 때문에 빅맥 가격이 달라지는 경우도 있습니다. 가령 맥도널드 매장 임대료 등이 유독 비싼 나라에서는 빅맥의 가격도 높아질 수밖에 없습니다. 따라서 빅맥지수로 물가를 정확히 비교할 수 있다고 단정 짓기는 어렵습니다.

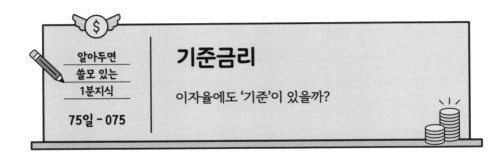

기준금리

이자율에도 '기준'이 있을까?

　뉴스나 신문의 경제면을 보면 가끔 "한국은행이 기준금리를 올렸습니다(내렸습니다)"라는 소식이 들립니다. 금리金利란 은행에 예적금을 하거나 대출을 할 때 적용되는 이자율을 말합니다. 어째서 이자율의 변화가 뉴스거리가 될 만큼 중요한 일일까요? 기준금리라는 말에서 '기준'이라는 단어에 주목할 필요가 있습니다. 기준금리는 단순한 이자율이 아니라 한 나라에 존재하는 모든 금리의 기준점이 된다는 의미이기 때문입니다. 똑같은 금액을 예금에 넣어도 어떤 은행에서는 2%의 이자율을 적용하고, 어떤 은행의 상품은 1.5%의 이자를 줍니다. 그러나 한 나라 안 은행에서 적용하는 이자율의 전반적인 움직임은 비슷합니다. 대부분 우리나라 은행의 이자율은 한국은행의 기준금리를 따르기 때문입니다.

　'기준금리'는 한국은행이 시중에 돌아다니는 돈의 양, 즉 통화량을 조절하기 위해 결정하는 이자율입니다. 한국은행은 1년에 여덟 번(1, 2, 4, 5, 7, 8, 10, 11월) 둘째 주 목요일에 기준금리를 얼마로 할지 정해 발표합니다.

　한국은행은 기준금리를 통해 시중에 돌아다니는 돈의 양을 조절하고, 이를 통해 국가경제의 안정적인 성장을 꾀하지요. 가령 기준금리를 올리면, 한 나라의 대출 금리와 예금 금리가 따라서 오릅니다. 예금 금리가 3%일 때보다 4%일 때 사람들은 더 많은 이자를 얻을 수 있으니 돈을 예금에 묶어 두겠지요. 반면 대출 금리가 오르면 대출을 그만큼 꺼리게 되어 대출 금액이 줄어듭니다. 돈이 예금에 묶이고 대출로 풀

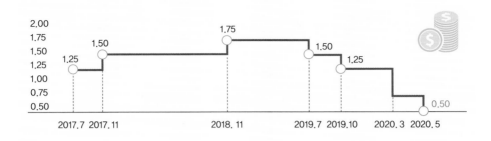

한국은행의 기준금리 변화

리는 돈의 양은 줄어드니 시중에 돌아다니는 돈의 양, 즉 통화량도 적어집니다. 보통 기준금리는 경기가 과열되어 물가가 올라가거나 부동산이나 주식 가격에 거품이 커질 때 올립니다. 한국은행은 기준금리를 높여 경기를 진정시키는 효과를 노리는 것이지요.

기준금리를 내리면 반대의 상황이 일어납니다. 기준금리의 변화에 따라 예금 금리가 내리니 사람들은 예금에 돈을 묶어 두기보다 소비하는 데 쓰거나 다른 재테크 수단에 투자합니다. 또한 예전보다 돈을 빌려도 부담이 줄어들어서 대출을 늘리게 되지요. 이처럼 기준금리가 내려가면 시중에 돈이 풀려 활발하게 유통됩니다. 기준금리는 대체로 경기가 침체되고 일자리가 부족할 때 내립니다. 시중에 돈이 풀리면 사람들은 소비를 늘리고, 기업 역시 투자를 늘립니다. 덕분에 상품 생산이 활발해지고 경기가 살아나는 효과가 나타납니다.

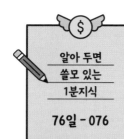

코스피지수

투자자를 웃고 울게 만드는
주식 가격 변화를 알아보는 방법은?

2020년 '동학 개미 운동'이라는 말이 유행했습니다. 코로나19의 여파로 외국인들이 우리나라 주식을 팔아 주가가 크게 떨어지자 다수의 한국인이 주식을 사서 주가 폭락을 막았는데요. 이를 동학농민운동에 빗대어 풍자한 말이었습니다. 특히 2020년 이후 주식이 사람들의 대표적인 재테크 수단으로 떠오르면서 매일같이 주가 변화를 살펴보는 사람이 늘어났습니다.

우리가 성적표의 평균 점수를 통해 전체 성적을 파악할 수 있듯, 주식의 전반적인 가격 움직임을 알려 주는 지표가 나라마다 존재합니다. 우리나라에는 코스피지수와 코스닥지수 등이 있습니다. '코스피지수KOSPI'는 한국의 주식 가격 변화를 알려 주는 종합주가지수를 말합니다. 한국의 증권거래소에 올라와 있는 한국 기업들의 주식 가격이 기준 시점에 비해 얼마나 변했는지를 나타내는 수치입니다. 여기에서 기준 시점이란 코스피 시장이 처음 시작된 1980년 1월 4일을 말합니다. 기준 시점이 된 1980년의 지수를 100으로 본 다음, 그때에 비해 현재 상장되어(어떤 기업의 주식을 증권거래소에서 사고팔 수 있는 종목으로 지정하는 것을 말한다.) 있는 주식의 총가치(시가총액)가 얼마인지 확인하는 것입니다. 예를 들어 2020년 11월 25일 코스피지수가 사상 최초로 3,000을 넘었습니다. 이는 1980년 1월 4일에 비해 전체 주식의 총가치가 30배로 올랐다는 뜻입니다.

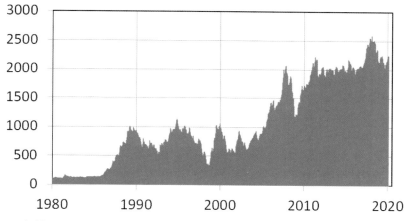
1980년 이후 코스피 지수의 변화

코스피 시장에 어떤 기업이 상장되려면 자본이 300억 이상, 최근 매출액이 1,000억 이상이 되어야 가능하기에 그 조건을 채우기가 어렵습니다. 그만큼 해당 기업의 규모와 가치가 커야 한다는 것을 의미하지요. 2020년 10월에는 방탄소년단의 소속사 빅히트의 주식이 상장되어 화제가 되기도 했지요.

그러나 코스피지수는 거래량이 적은 종목까지 모두 포함시키는 편이라 주식시장 전체의 변화를 대표하기에는 무리라고 볼 수 있습니다. 그래서 마련된 것이 '코스피200'이라는 지표입니다. 코스피200은 시가총액이 비교적 큰 대형 기업 200개만 뽑아 이 회사의 주식 가격 변화를 반영합니다.

비트코인

투기의 수단일까, 미래의 새로운 화폐일까?

2010년 5월, 미국의 라스즐로 핸예츠Laszlo Hanyecz라는 사람이 게시판에 글을 올렸습니다. 그는 1만 비트코인을 지불할테니 라지 사이즈 피자 2판을 시켜 줄 사람을 구한다는 글을 올립니다. 4일 후 한 네티즌이 미국달러를 이용해 피자를 주문한 뒤 핸예츠에게 전달해 주고 1만 비트코인을 받았습니다. 탄생한 지 얼마 되지 않은 비트코인의 첫 실물 거래가 이루어진 날이었지요. 당시의 거래 조건을 기준으로 비트코인의 가격을 계산해 보면 1코인은 한국 돈으로 약 2.7원에 불과했습니다. 2021년 10월 기준으로 1비트코인은 그 가격이 7,000만 원을 넘어갑니다. 불과 10여 년 만에 그 가치가 어마어마하게 오른 셈이지요.

비트코인은 암호 화폐의 한 종류입니다. 2009년 사토시 나카모토中本哲史라는 미지의 인물이 그 작동원리를 만들어 냈습니다. 현실에서 우리가 쓰는 화폐는 직접 보고 만질 수 있습니다. 또한 국가의 중앙은행이 발행하여 믿고 사용하지만, 암호 화폐는 눈에 보이지 않는 가상 공간에 존재합니다. 또한 중앙은행이나 특정한 기관이 아닌 개인이 전산 암호를 해독하는 과정인 '채굴'을 통해 발행됩니다. 암호 화폐를 거래하면서 남은 기록도 은행 장부가 아닌, 각 개인의 컴퓨터상 거래 장부에 나뉘어서 저장되지요. 이 기록들이 네트워크로 서로 연결고리처럼 얽히면서 그 누구도 바꾸거나 함부로 손댈 수 없는 것이 특징입니다. 이를 블록체인 기술이라고 합니다. 비트코인은 블록체인 기술을 이용한 대표적인 암호 화폐 중 하나로, 비트코인 이외에도 이더

비트코인은 눈에 보이지 않는 가상 공간에 존재하며 가격 변동성이 커 위험 부담성이 있지만 많은 사람이 미래 화폐로 주목하고 있다.

리움, 도지코인 등 다양한 암호 화폐가 존재합니다.

비트코인은 10여 년간 가격이 빠르게 뛴 만큼 사람들에게 인기 있는 투자 상품이 되었습니다. 그러나 때때로 하루에 1천만 원 이상 가격이 떨어질 정도로 가격 변동성이 커서 투자자들을 불안하게 만들기도 하지요. 2021년만 해도 미국의 전기차 대표기업 테슬라의 CEO 일론 머스크Elon Reeve Musk가 비트코인을 전기차 거래에 사용하겠다고 하여 미국에서 비트코인 가격은 15% 이상 올라 4만 4,100달러(약 4,900만 원)에 거래됐습니다. 그러나 2달 뒤 머스크가 환경오염을 이유로 비트코인을 결제 수단으로 쓰지 않겠다고 이야기하면서 비트코인 가격은 7% 이상 급락하기도 했지요. 이처럼 비트코인의 가격은 외부 상황에 따라 급등과 급락을 반복하는 편입니다.

이뿐만 아니라 비트코인이 현실에서 거래 수단이나 화폐로서의 역할을 할 수 있을지 의문을 제기하는 사람들도 많습니다. 현금이나 신용카드에 비해 가치가 불안정하고 결제 처리 속도가 느리기 때문입니다. 반면 기술적 문제가 해결되면 미래에 화폐의 기능을 충분히 수행할 수 있을 것이라 이야기하는 이들도 있습니다. 비트코인을 비롯한 암호 화폐의 미래가 어떻게 펼쳐질지 많은 이들이 주목하는 시점입니다.

로렌츠 곡선과 지니계수

빈부격차를 숫자로 나타낼 수 있을까?

　한 사회의 빈부격차 정도를 숫자로 나타내는 몇 가지 통계지표가 있는데, 그중 대표적인 것이 지니계수Gini's coefficient입니다. 지니계수를 알기 위해서는 직사각형 모양의 그래프를 그립니다. 가로축에는 우리나라에서 가장 소득이 적은 사람부터 소득이 높은 사람 순서대로 줄을 세워 인구 비율을 오른쪽으로 가면서 점점 더합니다. 세로축에는 이 사람들이 사회 전체 소득 중에서 몇 % 정도를 차지하는지 표시합니다. 모든 국민이 완벽히 평등한 국가라면 인구 중 5%의 사람은 사회 전체의 소득 중 공평하게 5%를, 10%의 사람은 10%만큼의 소득을 누려 기울기가 1인 대각선(그림의 검은색 완전 평등선)이 될 것입니다. 완벽하게 불평등한 사회라면 인구의 대다수인 99.9%가 아무것도 갖지 못하고 극소수의 사람이 전체 소득 100%를 모두 가질 것입니다. 이 경우 곡선은 직각의 형태(그림의 보라색 완전 불평등선)가 됩니다.

　이처럼 소득에 따른 인구누적과 그 소득 분포를 나타내는 점들을 연결한 선을 로렌츠 곡선(Lorenz Curve, 그림의 빨간색 선)이라 부릅니다. 대부분의 사회는 완전하게 평등하지도, 완전하게 불평등하지도 않아 현실의 로렌츠 곡선은 대부분 완전 평등선과 완전 불평등선 사이의 빨간색 초승달 모양의 곡선이 됩니다. 가령 그림의 A점은 전체 인구의 40%가 사회 전체의 소득 중 20%를 차지한다는 사실을 알려 주지요.

　그러나 로렌츠 곡선의 모양만으로는 여러 국가의 소득 분포를 정확한 수치로 비교하기 어렵습니다. 이 문제의 해결을 위해 이탈리아의 통계학자 코라도 지니Corrado

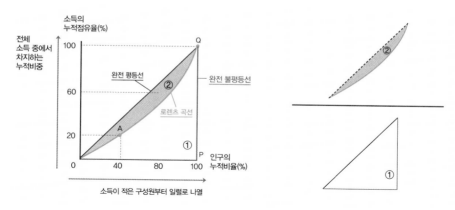

로렌츠 곡선의 의미

지니계수의 의미

Gini는 지니계수라는 지표를 생각해 냈습니다. 지니계수는 로렌츠 곡선을 그렸을 때, 대각선 아래의 삼각형의 면적에 비해 초승달 모양의 면적 비율이 얼마나 되는지를 숫자로 나타낸 것입니다.

소득이 완벽하게 고르게 분배된 사회에서 지니계수는 0이 되고, 소득 분포가 완전히 불평등한 사회라면 지니계수는 1이 되지요. 즉 지니계수는 0과 1 사이의 수치를 지니며 0에 가까울수록 소득이 고른 사회, 1에 가까울수록 불평등한 소득 분포를 보이는 사회를 뜻합니다.

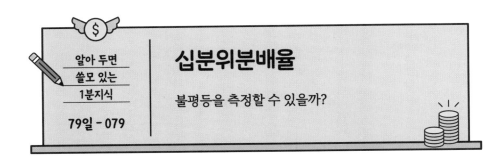

십분위분배율

불평등을 측정할 수 있을까?

학교에서 내신 성적표나 모의고사 성적표를 받으면 '등급'이라는 것이 표시됩니다. 전체 학생 중 성적을 위에서부터 아래로 나열했을 때, 가장 성적이 높은 상위권 4%에 속하는 학생들은 1등급에 속하고, 상위 4% 미만 11% 이상인 경우는 2등급이 되는 식이지요. 전체 학생을 성적 분포에 따라 몇 개의 집단으로 구분하여 표시하는 것입니다. 성적뿐 아니라 소득 역시 몇 개의 집단으로 나누어 파악해서 그 소득 분포를 확인해 볼 수 있습니다. 대표적인 통계가 '십분위분배율'입니다.

십분위+分位라는 말은 '위치(位)에 따라 열 개(十)로 나눈다(分)'는 뜻의 한자어입니다. 다시 말해 전체 가구를 경제적 위치에 따라 열 개의 묶음으로 나누어 한 사회의 분배 상태를 측정한다는 의미를 가지고 있습니다. 이 지표를 구하기 위해서는 먼저 나라 전체의 가구를 소득 수준에 따라 저소득에서 고소득 순으로 열 개 묶음으로 나눕니다. 가장 소득이 낮은 가구 10%를 제1분위로 정하고, 소득이 높은 상위 10% 가구를 제10분위로 정합니다.

이렇게 가구를 열 개의 묶음으로 나눈 다음, 소득이 낮은 40%의 가구가 차지하는 소득 비율을 구합니다. 이를 상위 20%의 사람들이 차지하고 있는 소득의 비율로 나누면 십분위분배율이 나옵니다.

만약 어떤 나라의 소득 분배의 상황이 완전히 불공평하다면 가장 부자인 상위 20%가 전체 사회의 소득을 모두 가져가겠지요. 저소득층 40%가 가진 소득은 아예

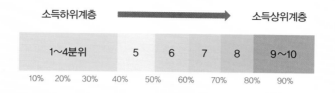

십분위분배율 구하는 방법

없어서 십분위분배율 숫자는 0이 됩니다. 반대로 분배가 완전히 평등하다면 최상위 20%는 전체 사회의 소득 중 20%만큼만 가지고 최하위 40%는 40%만큼의 소득을 가져가 십분위분배율은 2가 되겠지요. 다시 말해 십분위분배율이 0에 가까울수록 소득이 불평등하고 2에 가까울수록 소득이 평등하게 분배되어 있다는 사실을 알 수 있습니다.

십분위분배율은 사회의 하위계층과 상위계층의 소득이 고르게 분포되어 있는지 쉽게 파악할 수 있다는 장점이 있습니다. 그렇지만 중간계층인 5, 6, 7, 8분위의 소득을 고려하지 않기에 중간계층의 소득 분포는 알 수 없다는 단점도 있지요.

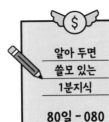

상대적 빈곤율

우리나라의 빈곤은 얼마나 심각한 수준일까?

　빈곤이라는 것은 어떤 의미일까요? 『레미제라블Les Misérables』에 나오는 장발장처럼 빵을 도둑질할 만큼 먹을 것이 부족한 상태를 빈곤이라고 이야기할 수 있겠지요. 또 자가自家가 꿈인 사람 입장에서는 집을 가지고 있는 사람에 비해 자신이 빈곤하다고 느낄 수도 있습니다. 이처럼 빈곤의 의미를 단 한 가지로 단정 짓기는 어렵습니다.

　'빈곤'이란 의, 식, 주 등 인간의 기본 욕구를 채울 수 있는 물질이 오랫동안 부족한 상황을 말합니다. 빈곤은 바라보는 기준에 따라 달라지기 때문에 '절대적 빈곤'과 '상대적 빈곤'으로 나누어 살펴볼 수 있습니다. 절대적 빈곤이란 다른 계층의 소득 분포와 상관없이 생계 유지를 위한 최저 수준을 정한 다음 이 기준에 미치지 못하는 경우를 가리킵니다. 우리나라는 건강하고 문화적인 생활을 유지할 수 있는 최저 수준의 생계비를 정한 다음, 그 이하이면 절대적 빈곤이라 봅니다.

　상대적 빈곤은 사회 전체의 소득 분포를 고려해 기준 소득(상대적 빈곤선)을 정하고, 이에 미치지 못할 경우를 빈곤으로 봅니다. 상대적 빈곤선을 정하기 위해서는 먼저 기준점을 잡아야 합니다. 이 기준점을 중위소득의 50%에 해당하는 소득으로 정의합니다. 그 말뜻을 풀이하면 '중간에 위치한 소득'을 말합니다. 다시 말해 대한민국의 모든 가구를 소득 순위에 따라 줄을 세운 뒤 정확히 전체의 가운데에 위치한 가구의 소득을 가리킵니다. 만약 우리나라 4인 가구의 중위소득이 300만 원이라면 그 중위소득의 절반인 150만 원에 미치지 못하는 4인 가구는 상대적 빈곤 가구에 속하게 됩

상대적 빈곤은 진짜 부족해서가 아니라 부족하다고 느끼는 심리적 빈곤을 뜻한다.

니다. 그런 다음 상대적 빈곤 상태에 해당하는 인구수를 우리나라 전체 인구수로 나누어서 상대적 빈곤율을 구합니다.

　한국의 경우 2016년 상대적 빈곤율이 15.9%로 OECD 평균(12.3%)보다 높은 수치를 기록했습니다. 우리나라의 빈곤문제 중 가장 심각한 것은 노인 연령대의 상대적 빈곤율이 높다는 것입니다. 한국의 노인빈곤율은 2017년 44%로 다른 나라들보다 월등히 높은 수치로 1위를 차지했습니다. 노년층의 빈곤문제가 얼마나 심각한지 짐작할 수 있지요.

실업률

백수처럼 보이지만 실업자가 아닌 이유는?

일할 의사가 없거나 일할 능력이 없는 경우
는 실업률을 구할 때 제외된다.

2018년 개봉한 영화 〈리틀 포레스트〉의 주인공 혜원은 교사가 되기 위한 시험에서 떨어지고 고향에 내려갑니다. 고향에서 가끔 고모의 농사일을 도우며 지내지요. 한 끼를 먹더라도 오랜 시간 정성을 다하는 모습을 보고 있노라면, 저절로 위안을 받게 됩니다. 한편으로는 일을 하지 않기에 가능한 것이라는 질투 어린 마음도 생깁니다. 상식적으로 보면 혜원은 실업자에 해당할 것 같지만, 실업률 통계를 구할 때 실업자에 들어가지 않습니다. 왜 그럴까요?

'실업률'이란 경제활동이 가능한 국민 중에서 일자리가 없는 사람들이 차지하는 비중을 말합니다. 실업률 통계를 구하려면 보통 15세 이상 인구 중에서 일할 능력과 의사를 가진 사람을 추려 내야 합니다. 가령 학생이나 전업주부, 군인은 당장 일할 의사가 없으니 실업률을 구할 때 감안하지 않습니다. 일을 구하다가 완전히 포기하고 집에서 노는 경우에도 마찬가지입니다. 이렇게 일할 의사가 없거나 일할 능력이 없는 경우를 '비경제활동인구'라고 부릅니다.

반면 일할 능력과 의사를 모두 가진 이들을 '경제활동인구'라고 합니다. 실업률은

$$실업률 = \frac{실업자 수}{경제활동인구(취업자 수 + 실업자 수)} \times 100$$

이 경제활동인구를 기준으로 구합니다.

이제 경제활동인구 중에서 실업자가 차지하는 비율을 구하면 실업률이 됩니다. 이렇게 구한 실업률 통계는 경제 상황을 알려 주는 중요한 자료지만, 몇 가지 한계를 가지고 있습니다. 먼저 구직을 단념한 사람들, 공무원 시험을 준비하는 사람 등도 평소에는 실업자가 아닌 비경제활동인구로 빠져 버리니, 우리가 몸으로 느끼는 실업률보다 통계 실업률이 낮을 수 있습니다. 앞서 이야기한 〈리틀 포레스트〉 속 혜원도 구체적으로 일자리를 찾으러 다니지 않으니 비경제활동인구가 되어서 실업률 통계에서는 빠집니다. 또한 일주일에 한 시간만 일해도 취업자가 되기 때문에, 단기 아르바이트나 시간제 근로자도 모두 취업자입니다. 이 경우에도 실제 상황에 비해 통계상 실업률이 매우 낮아질 수 있다는 문제가 생깁니다.

이러한 비판 때문에 통계청은 2015년부터 고용보조지표라는 것을 발표하고 있습니다. 이 고용보조지표는 구직 단념자나 단기 취업자인데 재취업을 원하는 사람 등을 포함하여 실업률을 구합니다. 공식 실업률의 단점을 보완하고 제대로 된 실업률을 구하기 위해 사용하는 지표인 것이지요.

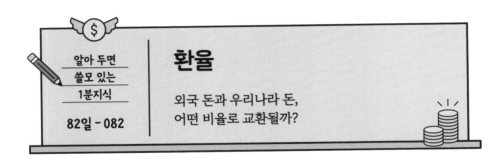

환율

외국 돈과 우리나라 돈,
어떤 비율로 교환될까?

여러분이 미국의 쇼핑몰 아마존에서 직구로 게임기를 산다고 생각해 봅시다. 게임기 가격이 40달러로 표시되어 있다면 궁금증이 생길 것입니다. 40달러는 한국 돈으로 얼마 정도 하는 것일까요?

우리나라 화폐와 다른 나라 화폐의 교환 비율이 표시된 전광판

'환율'이란 우리나라 화폐와 다른 나라 화폐의 교환 비율을 말합니다. 우리나라 화폐와 비교해서 외국 돈이 얼마만큼의 가치를 가지는지 나타내는 것이지요. 예를 들어 USD1 $ =1,000원이라면 미국의 1달러가 우리나라 1,000원과 똑같은 가치를 지니고 있다는 의미입니다. 만약 환율이 1달러에 1,000원에서 1,200원이 된다면 똑같은 금액의 달러를 사기 위해 원화를 예전보다 많이 써야 합니다. 이를 '환율이 상승한다'고 표현합니다. 이 경우 달러 가격은 비싸지는 반면, 우리나라 돈의 가치는 상대적으로 낮아집니다. 즉 환율이 상승한다면 우리나라 원화의 가격은 떨어지는 것이고, 이를 어려운 말로 표현하면 원화 가격이 '평가

절하'되었다고 표현합니다.

반대로 1달러가 1,000원에서 800원이 되면 '환율이 하락'한다고 표현합니다. 환율이 하락하면 우리나라 원화는 상대적으로 값이 비싸지고 달러의 가치는 낮아집니다. 이를 원화 가격이 '평가절상'되었다고 합니다.

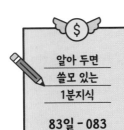

외환보유고

정부가 외화 비상금을 마련해 두는 까닭은?

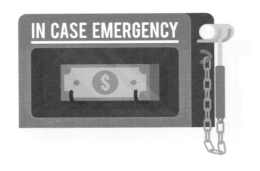

외환보유고란 비상시국을 대비해 준비해 놓는 돈을 뜻한다.

급한 사정으로 몇몇 친구에게 돈을 빌렸을 때, 이를 갚기 위해서는 내 지갑에 돈이 있어야 합니다. 국가도 비슷합니다. 다른 나라에 원자재 값을 치르거나 외국으로부터 빌린 돈(외채)을 갚아야 하는 긴급한 상황에 대비해 어느 정도의 비상금이 있어야 하지요. 1997년 우리나라에 IMF 위환위기가 온 것도 외국에 빌린 돈을 갚을 능력이 부족했기 때문입니다.

이처럼 다른 나라에 돈을 갚아야 할 때, 또는 비상시국을 대비해 준비해 놓는 외화 자산을 외환보유액, 또는 외환보유고外換保有庫라 합니다. '외환보유고'는 달러, 유로, 엔화 등 현금으로 된 외국 통화, 다른 나라의 국채나 공채 등 해외 유가증권, 금 등으로 구성됩니다. 외환보유고는 환율의 안정을 위해서도 필요합니다. 많은 해외 투자자들이 국내 주식을 한꺼번에 팔려고 할 때가 있습니다. 외국인들이 우리나라 주식을 통해 벌어들인 원화를 팔고 외화를 사들이면 국내에 있는 외화가 부족해져 환율이 급격히 올라가지요. 이때 정부는 외환보유고에 가지고 있던 달러를 풀어 환율이 지나치게 올라가는 것을 방어합니다.

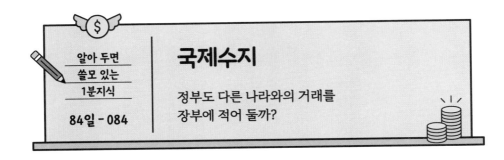

국제수지

정부도 다른 나라와의 거래를
장부에 적어 둘까?

'수지맞는다'라는 말을 알고 있나요? 뜻하지 않게 좋은 일이 생겼을 때도 사용하지만 주로, 사업이나 장사를 할 때 이득이 남는 것을 뜻합니다. 여기서 '수지'란 수입과 지출을 의미합니다. 사업이나 장사를 할 때 수지를 따지는 건 매우 중요합니다. 그래야 거래의 이득을 알 수 있지요.

국가도 마찬가지입니다. 외국에 상품을 수출하고, 외국에서 상품을 수입해 올 때 나간 돈과 들어온 돈이 얼마인지 기록해 두어야 나라에 돈이 쌓이고 있는지 빚을 지고 있는지 정확히 파악할 수 있습니다. 1년이나 1개월, 1분기 등 일정 기간을 단위로 국가가 외국과 거래하면서 오간 외화의 국제 거래 내용을 기록한 것을 '국제수지'라고 합니다. 가계부를 쓸 때 장부에 주거비, 통신비, 학원비 등 항목을 나누어 기록하는 것처럼 국제수지 장부 역시 비슷합니다. 외국과의 거래를 몇 가지 항목으로 분류해 체계적으로 정리합니다. 국제수지는 주로 '경상수지'와 '자본수지'라는 두 개의 항목으로 나누어 정리하는 경우가 많습니다.

경상수지는 한 나라가 다른 나라와 가장 많이 하는 일반적인 상商거래, 즉 재화나 서비스 같은 일반적인 상품의 수출로 벌어들인 돈과 수입으로 나간 돈의 차이를 말합니다. 예를 들어 어떤 나라가 한 해에 다른 나라에 4,000억 달러어치를 수출하고 4,500억 달러어치를 수입했다면 이 경우 해당 연도의 경상수지는 -500억 달러가 되겠지요.

수출을 위해 선적 중인 배

경상수지에는 다양한 것들이 포함됩니다. 자동차 핸드폰, 김치와 같은 상품(상품수지)은 물론, 여행, 통신, 특허권 등 눈에 보이지 않는 서비스 거래(서비스 수지), 우리나라 사람이 해외에 나가 벌어온 돈이나 외국인들이 우리나라에 들어와 버는 돈(본원소득수지), 무상원조나 기부금, 구호물자 등 다른 나라를 도우며 오간 돈(이전소득수지) 등이 모두 포함됩니다.

자본수지는 순수하게 돈, 즉 자본만 오가는 거래를 기록하는 것입니다. 가령 우리나라 사람이 외국에 직접 투자를 한다거나 부동산을 사는 경우, 해외 이주를 하면서 돈이 나가는 경우 등은 상품이 오가지 않고 돈만 국경을 넘는 경우이기에 자본수지에 기록됩니다.

가계부나 기업체의 장부에 적자보다 흑자가 기록되면 좋은 일이듯, 국제수지도 물론 흑자가 좋지만 늘 그렇지는 않습니다. 흑자일 때는 해외에서 벌어들이는 돈이 많아 소득이 증가하고 생산 및 일자리가 늘어나지만, 물가가 지나치게 올라가거나 우리나라를 견제하는 외국과 무역 마찰이 벌어지기도 하지요. 적자일 때는 해외로 돈이 많이 빠져나가 국가 소득이 줄어들고 해외에 빚이 늘어나는 문제가 생깁니다.

"잘살아 보세"라는 말대로
우리는 행복해졌을까?
_GDP와 행복지수

"잘살아 보세, 잘살아 보세. 우리도 한번 잘살아 보세."

1970년대 정부의 주도로 이루어졌던 새마을 운동의 주제가 '잘 살아보세'의 가사
다. 새마을 운동은 가난에서 벗어나는 것을 목표로 이루어지던 농촌 운동을 말한다.
6.25 전쟁 직후 한국은 선진국의 도움을 받아야 할 정도로 가난한 나라였다. 대한민
국의 경제 규모가 최초로 기록된 1953년, 한국의 GDP는 477억 4,000만 원에 불과했
다. 1960년부터 정부의 경제개발 정책 덕분에 가난에서 조금씩 벗어나기 시작했는
데, 정부의 적극적 경제성장 정책과 국민의 협조 덕분에 한국은 빛나는 성과를 이루
었다. 2018년 우리나라의 GDP는 1,893조 원으로 1953년에 비해 무려 3만 9665배
증가했고, GDP 순위도 세계 10위권에 자리잡았다.

위 노래의 가사대로 우리는 '잘'살게 되었을까? 가난했던 시기에 비해 객관적으
로 삶의 질이 높아진 것은 확실하다. 그러나 주의 깊게 살펴봐야 할 통계도 존재한
다. 2020년 한국의 자살률은 OECD 1위를 기록했고, 상대적 빈곤율도 37개 회원국
중 네 번째로 높은 수준이었다. GDP가 올라갔는데도, 국민이 살기 어려운 현실이 존
재한다는 사실을 알 수 있다. 실제로 최근에는 GDP가 삶의 질을 제대로 측정하지 못

한다는 이야기가 나온다. 예를 들어 GDP는 한 나라의 경제 규모를 의미하지만, 그 나라의 소득 분배 정도가 얼마나 고른지는 알려 주지 못한다. 반 평균이 올라갔다고 해서 학급 학생들의 성적이 고르게 올라갔다고 말할 수 없는 것과

생산액을 뜻하기 때문에 GDP 상승이 곧 국민 전체의 성장을 의미하지 않는다.

비슷한 원리다. 게다가 GDP는 가사 활동의 가치나 여가의 가치 등 시장에서 거래되지 않는 활동의 가치는 파악하지 못한다. 생산 활동 과정에서 환경오염 물질이 발생해 사람들의 삶의 질이 떨어지는 상황에서도 GDP가 증가하는 일도 생긴다.

경제 규모가 아닌 삶의 질을 측정하는 지표가 필요하다는 주장으로, 유엔개발계획UNDP의 인간개발지수Human Development Index, 지속가능발전해법네트워크SDSN가 발표하는 세계행복지수 등이 만들어졌다. 이 지표들은 국가 소득뿐 아니라 교육 수준, 건강, 환경, 안전, 일과 삶의 균형 등을 종합적으로 판단한다.

2019년 GDP 1위 국가인 미국은 행복지수에서 19위, 2위인 중국의 행복지수 순위는 93위였다. 같은 해 GDP 10위를 기록했던 우리나라 역시 행복지수 순위는 54위에 그쳤다. 반면 행복지수의 상위권은 주로 핀란드, 덴마크, 노르웨이 등 북유럽의 복지국가가 차지했다. 일정 수준까지는 경제력이 나라의 행복 수준을 결정하지만, 반드시 비례하지는 않음을 알 수 있다.

경제 규모는 간단한 숫자로 파악 가능하지만, 행복지수를 결정하는 요인은 다양하다. "잘살아 보세"라는 말의 의미를 다양한 방향으로 생각해 볼 때다. 일과 삶의 균형, 개인의 삶을 존중하는 사회 분위기를 위해 국가가 노력할 필요가 있다.

야구 선수 류현진은
환율이 오르면 좋아할까?
_환율변동이 우리 삶에 미치는 영향

〈국가부도의 날〉 영화 포스터

영화 〈국가부도의 날〉은 IMF 외환위기를 배경으로 한다. 영화 속에는 국가부도 사태를 막기 위해 고군분투하는 그룹과 이 위기를 활용해 투자하는 그룹이 나온다. 그중에서도 후자, 금융맨이던 유아인은 달러를 사들여 엄청난 환차익(환율변동으로 이익이 발생한 경우)으로 막대한 돈을 버는 데 성공한다. 나라의 부도에 투자하여 큰돈을 번 영화 속 유아인의 행동은 왠지 모를 씁쓸함을 남기지만, 환율이 우리에게 미치는 영향을 잘 보여 주는 영화 중 하나다.

다른 사례로도 환율의 영향을 살펴볼 수 있다.

미국 프로야구 메이저리그에서 뛰고 있는 류현진. 그가 2020년 1년 동안 벌어들이는 연봉은 약 2,000만 달러라고 한다. 그의 연봉을 한국 돈으로 대략 바꾸어 계산하면 얼마가 될까? 만약 환율이 1,100원이라면 '1,100원 × 2,000만 달러'로 220억 정도가 된다. 반면 환율이 1,200원일 경우에는 240억(1,200원 X 2000만 달러)이 된다. 환율

100원 차이로 류현진 선수의 연봉이 약 20억 원 정도 달라지는 셈이다. 류현진 선수처럼 해외에서 외화를 벌어들이는 사람에게는 환율이 올라야 이득이 된다. 외국 돈의 가치가 오르면 한국 돈으로 바꾸어 계산할 때 소득이 올라가기 때문이다.

수출업자들 역시 환율 상승이 호재로 작용한다. 우리나라 돈의 가치가 떨어지는 셈이기 때문에 우리나라 수출품의 가격이 외국에서 저렴해진다. 가령 환율이 1달러에 1,000원에서 1,200원이 되면, 우리나라에서 3,600만 원에 팔리는 자동차가 해외에서 3만 6천 달러에서 3만 달러로 가격이 떨어지는 셈이다(수출품의 외화 표시 가격 하락). 가격이 저렴해지니 해외에서 상품을 사려고 하는 사람이 늘어 더 많이 팔리는 효과가 나타난다. 덕분에 환율이 오르면 수출은 늘고 수입이 줄어 무역흑자를 보는 경우가 많다. 해외에서 우리나라로 여행을 오는 사람들도 우리나라 돈이 저렴해야 여행을 마음껏 즐길 수 있으므로 이들에게도 환율 상승은 반가운 소식이다.

반대 입장도 있다. 미국 유학생인 자녀에게 학비와 생활비를 매달 지원하고 있는 가정이나 해외에서 상품을 수입해 오는 수입업자들의 경우 환율이 오를수록 부담이 커진다.

이처럼 환율변동은 개인의 소득, 나라의 경제 등에 막대한 영향을 끼친다. 따라서 환율변동에 지속적인 관심을 가지면 앞으로 경기 흐름을 예측할 수 있다.

7장

경제법칙

- ☑ 생애주기가설
- ☐ 수요법칙
- ☐ 공급법칙
- ☐ 균형가격
- ☐ 수요의 변동과 수요량의 변동
- ☐ 수요의 가격탄력성
- ☐ 공급의 가격탄력성
- ☐ 가격차별
- ☐ 규모의 경제
- ☐ 국민소득 삼면등가의 법칙
- ☐ 필립스 곡선
- ☐ 저축의 역설
- ☐ 샤워실의 바보
- ☐ 게임이론
- ☐ 한계효용체감의 법칙
- ☐ 빈곤의 악순환

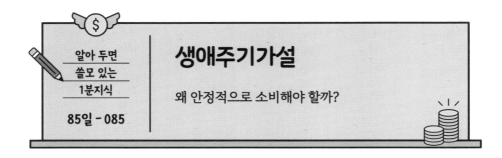

생애주기가설

왜 안정적으로 소비해야 할까?

몇 년 전 사람들의 소비 습관을 살펴보고 어떻게 하면 돈을 더 절약할 수 있을지 알려 주는 TV 예능 프로그램이 있었습니다. 사람들이 불필요한 것을 사면서 낭비하면 'fail(실패)'을 외쳤는데요. 예를 들어 월급을 받아 옷을 사고 음식을 사 먹거나 택시를 타는 데 거의 모든 돈을 쓰는 직장인은 Fail을 받습니다.

그런데 왜 소득이 생기면 그 돈을 다 쓰지 않고 안정적으로 소비해야 할까요? 답은 간단합니다. 나이를 먹어 가면서 소득 수준이 계속 바뀔 수 있기 때문입니다. 지금은 돈을 많이 벌더라도 장래에 수입이 줄어든다면 미래에는 저축해 놓은 돈이나 연금액으로 생활해야 합니다. 그래서 현재의 소득뿐 아니라 전 생애를 고려해 지출하고 저축도 해야 하지요. 이처럼 우리가 살아가는 인생 속에서 이루어지는 소득과 소비를 경제 모형으로 풀어낸 것이 '생애주기가설'입니다. 1950년대 경제학자 모딜리아니F. Modigliani와 안도A. Ando는 현재의 소득과 장래에 예상되는 소득 수준에 따라 가계가 소비 수준을 결정한다는 이 가설을 주장했습니다. 특히 소득이 급격히 줄어드는 은퇴 이후의 소비까지 고려하기 때문에 사람들이 틈틈이 저축을 하게 된다는 이야기를 했습니다.

그래프를 볼까요. 일반적으로 사람이 돈을 벌 수 있는 기간은 한정되어 있습니다. 그나마 20대부터 40대에 이를 때까지는 소득이 소비보다 많아 어느 정도 쓰고 남은 돈을 저축할 수 있습니다. 그러나 60대 이후부터 퇴직을 하면 소득보다 소비가

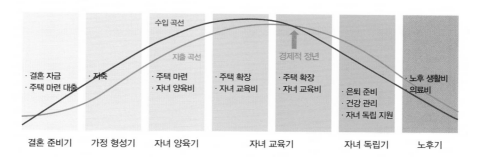

수입 곡선

지출 곡선

경제적 정년

· 결혼 자금
· 주택 마련 대출

· 저축

· 주택 마련
· 자녀 양육비

· 주택 확장
· 자녀 교육비

· 주택 확장
· 자녀 교육비

· 은퇴 준비
· 건강 관리
· 자녀 독립 지원

· 노후 생활비
· 의료비

결혼 준비기　　가정 형성기　　자녀 양육기　　　자녀 교육기　　　자녀 독립기　　노후기

결혼, 출산, 교육비 등 소비가 늘어나는 시기가 있다. 이처럼 생애 주기는 우리의 소득과 소비 행태에 많은 영향을 미친다.

많아지는 구간이 생기고, 이때부터는 지금까지 쌓아 놓은 돈으로 생활해야 합니다. 사람들이 소득을 얻을 수 있는 기간은 한정되어 있기에 평생 경제적으로 풍요롭고 지속 가능한 생활을 누리기 위해서는 생애 주기를 고려해 소비와 저축을 하고, 체계적으로 자산을 관리해야 합니다.

　물론 요즘에는 '파이어족(경제적 자립을 통해 빠르게 은퇴하려는 사람)'이 생기고, n잡러 시대가 되면서 은퇴 시기와 유형이 달라지고 있습니다.

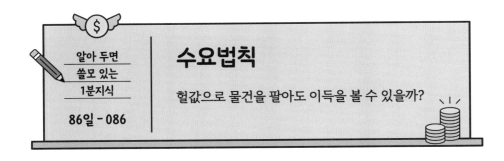

수요법칙

헐값으로 물건을 팔아도 이득을 볼 수 있을까?

길을 지나다니다 보면 폐업 정리를 한다며 속옷이나 양말, 신발, 생활용품 등을 헐값에 파는 가게들이 있습니다. 바지 한 벌에 5,000원, 심지어 양말 1짝에 100원 할 때도 있습니다. 이렇게 낮은 값에 상품을 파는데 어떻게 이득이 남는 것일지 궁금해집니다.

사실 폐업 정리는 일종의 상품 판매 전략인 경우가 많습니다. 아무리 가격이 싼지라도 많이 팔면 이윤이 남습니다. 또 사람들은 값이 쌀수록 더 많이 사려 합니다. 가령 티셔츠 한 장에 2만 원일 때보다 1만 원일 때 한 장이라도 더 구매하려 들지요. 반대로 3만 원으로 가격을 올리면 구매를 포기하는 사람들이 늘어납니다.

이처럼 대부분 가격이 높아질수록 수요량이 줄어들고, 가격이 내려갈수록 수요량이 늘어나는 특성이 있습니다. 재화나 서비스의 가격과 수요량이 반비례 또는 역逆 관계를 갖고 있는 것을 '수요법칙'이라고 합니다.

수요법칙의 예는 주변에서 흔하게 찾아볼 수 있습니다. 백화점이 바겐세일을 해 상품 가격을 내릴수록 사람들은 많은 양의 물건을 사들이지요. 코로나19 이후 강원도에서는 감자 농가를 돕기 위해 10kg에 5,000원이라는 저렴한 가격으로 감자를 팔았는데 금세 완판을 기록했습니다. 이는 모두 가격이 낮아져 소비자들이 수요량을 늘렸기에 일어난 일입니다.

수요량과 가격의 관계를 그래프로 나타낼 수 있습니다. 그래프에서 세로축에 위

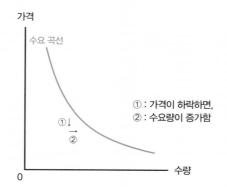

수요량과 가격의 반비례 관계를 나타낸 수요 곡선

치한 가격이 올라갈수록 가로축의 수요량이 줄어듭니다. 대부분 상품의 가격과 수요량은 반비례의 관계를 보입니다. 이 때문에 수요 곡선은 마이너스(-)의 기울기를 갖지요.

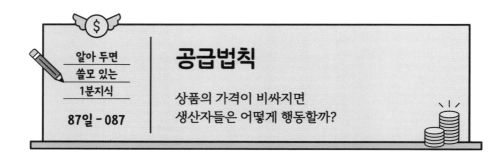

공급법칙

상품의 가격이 비싸지면
생산자들은 어떻게 행동할까?

학교 축제, 지구과학 동아리에서는 티셔츠를 리폼해서 팔기로 결정했습니다. 그런데 시작도 하기 전에 동아리 부원들은 고민에 맞닥뜨렸습니다. 티셔츠를 얼마나 만들어 팔지 결정하기 어려웠던 것이죠. 처음에는 1만 원에 팔자고 합의를 보았지만 재료비 등을 빼면 남는 이익이 많지 않을 것 같아 열 장만 예약을 받고 다른 아이템을 만들어 팔자는 의견이 주를 이루었습니다.

그런데 티셔츠의 예약 주문을 받아 보니 열 벌은 물론이고 값을 올려도 더 많이 팔 수 있을 것 같았습니다. 부원들은 고민 끝에 가격을 올리기로 결정했습니다. 예상 가격이 2만 원, 3만 원으로 올라갈수록 티셔츠를 더 많이 리폼해서 팔자는 의견이 형성되었습니다. 가격이 비쌀수록 이윤이 늘어날 거라는 예상에 부원들의 의욕도 높아졌습니다.

대부분의 생산자가 위의 예와 비슷한 생각을 합니다. 상품값이 비쌀수록 생산자들은 더 많은 상품을 만들어 팔고 싶어 하지요. 돈을 더 많이 벌 수 있으니까요. 그래서 일반적으로 상품 가격이 올라갈수록 생산자들이 생산하고자 하는 양도 늘어납니다.

동아리 부원들은 티셔츠를 판매하고자 하는 욕구를 가지고 있습니다. 이처럼 생산자가 일정 기간 동안 상품을 판매하고자 하는 욕구를 공급이라고 합니다. 공급량은 더욱 구체적인 개념으로, 특정한 가격 수준에서 공급자가 판매하기를 원하는 상품의 수량을 의미합니다. 만약 동아리 부원들이 1만 원이라는 가격에 열 벌의 티셔

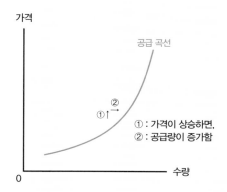

수요량과 가격의 정비례 관계를 나타낸 공급 곡선

츠를 만들어 팔고 싶어 한다면 이것이 상품의 공급량입니다.

가격이 올라가면 공급량은 증가합니다. 반대로 가격이 내려가면 공급량은 감소합니다. 이처럼 가격과 공급량 사이에는 비례하는 관계가 성립합니다. 이를 '공급법칙'이라 하지요. 그리고 가격과 공급량 사이의 비례 관계를 그래프로 나타낸 곡선을 공급 곡선이라 합니다.

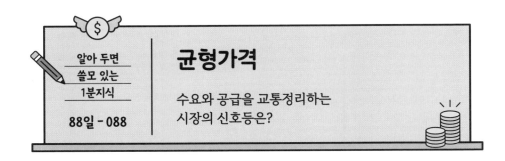

알아 두면
쓸모 있는
1분지식

88일 - 088

균형가격

수요와 공급을 교통정리하는
시장의 신호등은?

수많은 차와 행인이 교차하는 횡단보도. 사고가 나지 않으려면 무엇이 꼭 필요할까요? 신호등입니다. 신호등은 어떤 시점에서 멈추고, 어떤 시점에서 가도 되는지를 알려 줍니다. 덕분에 특별한 명령 없이 자동차도 사람도 서로 엉기거나 부딪히지 않고 질서를 지킬 수 있지요. 다양한 상품 시장에서 신호등의 역할을 하는 존재가 있습니다. 바로 균형가격입니다.

가령 학교 축제에서 리폼 티셔츠를 팔려는 공급자인 동아리 부원과, 이를 사고 싶어 하는 학생들이 있다고 생각해 봅시다. 동아리 부원과 소비자가 각각의 가격에 따라 원하는 상품의 수요량과 공급량이 아래의 표와 같습니다.

가격	가격에 따른 소비자의 티셔츠 수요량	가격에 따른 동아리의 티셔츠 공급량
1만 원	50	10
2만 원	30	30
3만 원	20	40
4만 원	10	50

티셔츠가 1만 원일 때는 부원들이 팔고자 하는 양에 비해 소비자가 찾는 티셔츠 수요량이 많습니다. 이에 공급자는 더 높은 가격에 티셔츠를 팔아도 되겠다는 신호

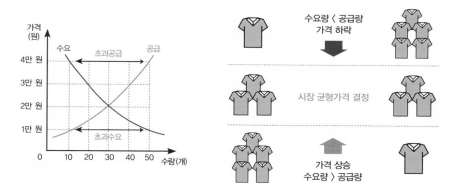

균형가격의 결정

를 받습니다. 가격이 올라가면서 티셔츠 공급량은 늘어나지만, 소비자들은 티셔츠를 덜 사야겠다는 신호를 받아 수요량을 줄이지요. 반대로 가격이 3만원일 때에는 소비자가 비싼 가격에 상품을 사지 않으려 하니 동아리 부원들은 가격을 조금씩 내립니다. 결국 소비자와 공급자가 원하는 수량이 맞아떨어지는 지점, 2만 원에서 거래가 완벽히 이루어지지요.

이처럼 시장에서 수요량과 공급량이 일치할 때의 가격을 시장가격, 또는 '균형가격'이라 합니다. 균형가격에서 거래되는 상품의 거래량을 균형거래량이라고 하지요. 일시적으로 가격 변화에 따라 시장에는 초과공급이나 초과수요가 나타날 수 있습니다. 그러나 다수가 참여하며 자유롭게 경쟁하는 시장에서는 균형가격을 찾아가며 가장 적절한 곳에 상품과 자원이 분배됩니다.

수요의 변동과 수요량의 변동

담배 소비를 어떻게 줄일 수 있을까?

담배에는 약 4,000여 개의 해로운 화학 물질이 들어 있다고 합니다. 각종 암을 유발하는 원인이 되기도 하지요. 그러나 흡연에는 중독성이 있기 때문에 담배를 끊는다는 게 쉬운 일은 아닙니다. 흡연자가 담배를 끊게 하는 방법에는 무엇이 있을까요? 금연을 위한 개인적인 노력도 중요하겠지만, 흡연율을 줄이기 위해 사회나 정부가 할 수 있는 일도 존재합니다. 경제학에서는 금연을 위한 사회적 대책으로 크게 두 가지 방법을 제시합니다.

먼저 담배 가격을 비싸게 만드는 방법이 있습니다. 우리나라는 2021년 기준으로 담배 한 갑의 가격이 4.03달러 정도입니다. 그러나 호주나 뉴질랜드는 담배 가격이 26.73달러, 22.84달러에 달합니다. 담배 한 갑을 사면 주머니에서 거의 3만 원의 돈이 빠져나가는 셈입니다. 이렇게 담배 가격이 비싸면 소비자는 자연스럽게 담배 소비를 줄이게 됩니다. 실제 담배 가격이 10% 오르면 전 세계 흡연자가 4,200만 명 감소하고 담배로 인한 사망자도 1,000만 명 줄어든다는 세계은행의 연구 결과가 존재하기도 합니다.

담배가 건강에 해롭다는 것을 널리 알려 금연을 유도하는 방법도 있습니다. 담배의 부작용을 담은 사진을 담뱃갑에 붙이거나, 금연의 필요성을 알리는 공익 광고를 만들어 방영하는 것이 그 예입니다.

흡연을 줄이는 두 가지 방법은 수요량의 변동과 수요의 변동이라는 개념으로 설

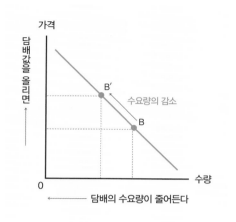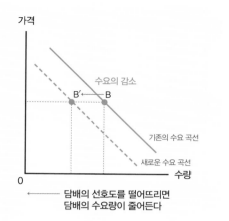

수요량의 변동 그래프(좌)와 수요의 변동 그래프(우)

명할 수 있습니다. 첫 번째 방법은 '가격'을 올려 소비자들의 수요량을 줄이는 것으로, 이를 경제학에서는 '수요량의 변동'이라고 부릅니다. 공익 광고를 제작하거나 담배의 부작용 사진을 부착하는 방법은 가격이 아니라 다른 요인, 즉 '소비자들의 선호도'를 떨어뜨려 담배 소비를 줄이는 방식이지요. 이는 '수요의 변동'이라는 말로 표현할 수 있습니다. 수요량의 변동과 수요의 변동은 단 한 글자 차이지만, 그래프로 그려 보면 다음과 같이 확실한 차이가 있습니다. 수요량의 변동은 수요 곡선은 그대로고, 수요 곡선 위에서 세로축의 가격 변화에 따라 가로축의 수요량이 변하는 경우를 말합니다. 반면 수요의 변동은 가격은 똑같지만 수요 곡선 자체가 움직이는 경우를 말하지요.

수요의 가격탄력성

마트의 정육 코너는 왜 안쪽에 있을까?

소비자의 심리를 반영하여 진열되어 있는 마트 내부의 모습

마트에 가보면 상품의 위치가 대부분 비슷하다는 사실을 알 수 있습니다. 마트로 들어가는 입구 옆쪽에는 와인을 파는 코너가 보이고, 정육 코너나 생선, 계란을 파는 코너는 마트 안쪽 깊숙이 들어가야 확인할 수 있지요. 반면 계산대 바로 옆 코너에는 껌이나 사탕 등 군것질거리를 파는 매대가 자리해 있는 경우가 많습니다. 왜 이렇게 진열 위치가 비슷할까요? 그 안에는 수요의 가격탄력성이라는 비밀이 숨어 있습니다.

'수요의 가격탄력성'이란 가격 변화에 따라 수요량이 민감하게 반응하는 정도를 말합니다. 가령 군것질거리나 와인 같은 상품은 꼭 필요한 상품이 아니니 가격이 조금만 올라도 고객들이 찾지 않습니다. 그런데 고기나 생선은 사람들이 꼭 먹어야 하는 것들이라 가격이 변해도 고객들이 사게 됩니다. 고무공과 쇠공을 똑같은 힘으로 바닥에 던졌을 때 위로 튀어 오르는 정도가 다르듯, 가격이 똑같이 변해도 수요량이 반응하는 민감도가 다른 것이지요.

수요의 가격탄력성은 다음과 같이 구할 수 있습니다.

$$수요의\ 가격탄력성\ =\ \frac{수요량의\ 변동률(\%)}{가격변동률(\%)}$$

수요의 가격탄력성은 가격이 1% 변할 때 수요량이 얼마나 변화하는지를 나타내는 숫자입니다. 경제학에서는 가격탄력성이 1보다 크게 나타나면 탄력적이라고 하고, 반대로 1보다 작을 때는 비탄력적이라고 합니다.

수요의 가격탄력성은 상품의 특성에 영향을 받습니다. 앞에서 말한 대로 필수품인지 사치품인지에 따라 수요의 가격탄력성은 달라집니다. 상품이 필수품일수록 수요의 가격탄력성이 작고, 사치재일 경우 상품의 가격탄력성이 큽니다.

또 그 상품을 대신할 수 있는 재화의 존재 여부에 따라 상품의 가격탄력성이 달라지기도 합니다. 예를 들어 계란은 가격이 올라도 대체재를 찾기 어렵지만 돼지고기는 가격이 오르면 닭고기나 소고기를 사 먹으면 되니 돼지고기의 수요는 계란에 비해 상대적으로 더 탄력적입니다.

수요의 가격탄력성은 기업의 판매 전략에 큰 영향을 미칩니다. 백화점은 가격을 조금만 내려도 큰 효과를 볼 수 있는(수요의 가격탄력성이 큰) 여성 의류, 운동기구, 명품 잡화 등을 바겐세일합니다. 마트의 코너 위치도 비슷합니다. 수요가 비탄력적인 고기나 계란 등의 상품은 마트의 안쪽에 위치해 있어도 사람들이 찾아가니 안쪽에 두고, 눈에 띄는 곳에 있어야 사람들이 사는 껌이나 초콜릿, 와인 등 가격탄력성이 큰 상품은 찾기 쉬운 곳에 배치하는 것이지요.

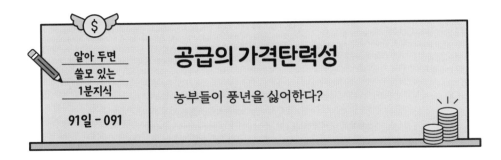

공급의 가격탄력성

농부들이 풍년을 싫어한다?

예로부터 농부들에게 풍년은 축복, 흉년은 불행이었습니다. 그러나 요즘에는 마냥 풍년을 반길 수만은 없게 되었습니다. 풍년으로 멀쩡한 배추나 무 등을 땅에 폐기하는 일까지 생기지요. 왜 이런 현상이 벌어지는 것일까요?

소비자가 상품의 가격을 바탕으로 구매를 고민하듯 생산자 역시 마찬가지입니다. 생산자는 가격이 더 올랐을 때 상품을 더 많이 생산하고자 합니다. 물론 상품의 종류에 따라 대응 반응 속도는 달라집니다. 공장에서 만들 수 있는 상품은 가격이 올라가면 재빠르게 시장 상황에 반응할 수 있습니다. 공장을 더 오랫동안 가동하고 노동력을 늘리면 되니까요. 가격이 떨어져도 창고에 물품을 넣어 두어도 되니 공급량을 줄이기도 쉽습니다.

이렇게 시장가격에 반응하기 쉬운 공산품에 비해 농산물은 재빠른 대응이 어렵습니다. 일단 생산에 걸리는 시간이 깁니다. 창고에 넣어 두면 금방 상하니 장기간 보관도 어렵습니다. 공급량을 단기간에 늘리거나 줄이기가 어려우니 가격이 폭락하거나 폭등해도 마음대로 공급량을 조절할 수가 없지요. 이렇다 보니 배추 풍년이 와서 시장에 너무 많이 풀리면 가격이 지나치게 떨어집니다. 농부들은 어쩔 수 없이 멀쩡한 배추를 버리는 결단을 내리게 됩니다.

이처럼 상품 가격이 변할 때 그에 따라 공급량이 얼마나 민감하게 반응하는지 그 정도를 나타낸 것이 공급의 가격탄력성입니다. 보통 가격이 일정하게 변할 때 공급

공급의 가격탄력성이 완전비탄력적 재화인 예술품. 〈모나리자〉(좌)와 고려 청자(우)

량이 크게 늘거나 줄면 탄력적이라는 말을 붙이고, 가격이 일정하게 변하는데 그에 비해 공급량이 적게 변하면 비탄력적이라 이야기합니다. 앞의 예에서 공산품은 농산물에 비해 공급의 가격탄력성이 크다고 이야기할 수 있겠지요.

　공급의 가격탄력성이 매우 작은 특수한 경우도 있습니다. 부동산이나 미술품이 대표적인 예입니다. 부동산은 가격이 올라간다고 해서 짧은 시간 안에 건물을 짓거나 땅을 늘릴 수 없습니다. 반대로 가격이 내려간다고 해서 이미 지어진 건물을 없앨 수 없는 노릇이지요. 골동품이나 오래된 미술품 역시 마찬가지입니다. 이런 경우 공급의 가격탄력성은 0에 가까워집니다. 따라서 수요가 조금만 늘어나도 공급이 따라주지 못해 부동산이나 미술품 가격은 엄청나게 뜁니다.

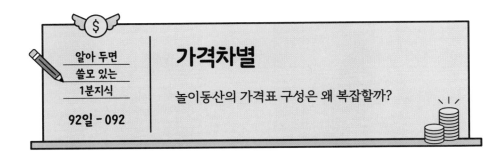

가격차별

놀이동산의 가격표 구성은 왜 복잡할까?

놀이공원에 가기 위해 티켓을 살 때, 많은 입장객이 고민에 빠집니다. 놀이공원의 요금제가 복잡하게 구성되어 있기 때문입니다. 예를 들어 만 12세 이하 초등학생과 중·고등학생의 티켓값이 다르고, 주말보다 평일의 티켓값이 더 쌉니다. 또 평일 저녁 5시 이후 입장을 하면 표가 더 저렴해집니다. 놀이공원을 운영하는 회사에서는 어째서 이토록 복잡한 요금제를 두고 손님을 받는 것일까요?

놀이공원 요금제처럼 기업이 똑같은 상품을 판매하면서도 소비자의 성격, 시간대 등에 따라 서로 다른 가격을 매겨 판매하는 것을 '가격차별'이라고 합니다. 여기서 '차별'이란 흔히 생각하는 부정적인 의미의 사회적 차별이 아니라, 등급이나 수준의 차이를 두어 가격으로 구별한다는 의미입니다.

기업이 가격차별을 하는 이유는 간단합니다. 가격차별을 할 때 더 많은 이익을 얻을 수 있기 때문입니다. 똑같은 상품을 구매하더라도 상황에 따라 가격 변화에 민감한 소비자와 민감하지 않은 소비자가 있습니다. 예를 들어 직장에 다니는 사람들은 표값이 비싸도 주말에 놀이공원에 갈 수 있습니다. 놀이공원 입장에서는 그런 소비자에게까지 굳이 가격을 낮추어 팔 필요가 없습니다. 반면 상대적으로 주머니 사정이 넉넉지 않은 청소년들은 저렴한 평일에 놀이공원에 가는 것을 선호하겠지요.

놀이공원은 매일 일정한 공원 운영비가 들어갑니다. 손님이 없어 텅텅 빈 채로 공원을 운영하느니, 주중에 낮은 요금으로 가격에 '민감'한 손님들을 끌어모을 수 있

디즈니랜드 잠자는 숲속의 공주 성

다면 놀이공원 입장에서는 이득입니다.

　　기업의 가격차별 상품은 주변에서 쉽게 찾아볼 수 있습니다. 기차나 비행기 좌석의 주말 요금과 주중 요금, 극장의 조조할인, 패밀리 레스토랑의 런치세트 할인 등도 가격차별에 해당합니다. 할인권을 가져오는 손님에게 상품을 싸게 제공하는 전략도 가격차별입니다. 할인권을 다운로드 받을 정도로 '가격 변화에 민감한 소비자'를 끌어들이는 전략에 해당하지요. 가격 변화에 따라 민감하게 반응하는 정도를 수요의 가격탄력성이라고 합니다. 기업이 가격차별을 할 수 있는 이유는 소비자마다 수요의 가격탄력성이 다르기 때문입니다.

　　물론 아무 기업이나 가격차별을 할 수 있는 건 아닙니다. 기업이 시장에서 어느 정도 힘을 가져야 가능한 일입니다. 만약 수백 개의 놀이공원이 존재하고, 놀이공원의 서비스가 모두 똑같다면 소비자 입장에서는 그중 가장 저렴한 곳을 찾아가면 되니 가격차별을 할 수가 없겠지요. 그러나 현실 속 놀이공원의 숫자는 적고 업체마다 조금씩 다른 서비스를 제공하며 독자적인 영역을 구축하고 있습니다. 그래서 소비자에게 가격차별을 실시할 수 있는 것입니다.

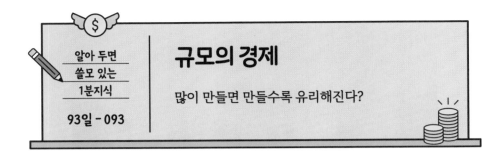

규모의 경제

많이 만들면 만들수록 유리해진다?

2019년 개봉한 영화 〈어벤져스: 엔드게임〉의 제작비는 대략 3억 5,600만 달러(한화 약 4,165억 원)이었습니다. 한국에서는 100억 대의 제작비만 들어도 대작으로 평가되는데, 미국 할리우드 블록버스터 영화의 제작비는 보통 1,000억 원을 훌쩍 넘깁니다. 할리우드는 어떻게 영화에 이처럼 천문학적인 돈을 쏟아부을 수 있을까요? 미국이 가진 거대한 자본 덕분이기도 하지만, 규모의 경제라는 개념에서도 그 답을 찾을 수 있습니다.

'규모의 경제'는 기업이 대량으로 생산을 많이 할수록, 평균 생산비용이 적게 드는 현상을 말합니다. 예를 들어 어떤 나라에서 철도 사업을 시작하려면 전국에 철로를 깔고 역을 만들고 기차를 구매하는 등 초기 비용이 들어갑니다. 그래서 처음에는 어마어마한 규모의 비용이 필요하지만, 일단 기초 시설이 갖춰지면 예전에 비해 큰 규모의 돈이 들어갈 일이 없습니다. 철로나 기차의 유지·수리 비용 정도만 감당하면 되지요. 즉 철도 산업은 산업의 기초를 다지는 처음에 비해 철도 서비스의 생산량이 늘어날수록(이용객에게 철도 서비스를 제공할수록) 평균 비용이 줄어듭니다.

할리우드 영화도 마찬가지입니다. 블록버스터 영화 제작 초기에는 엄청난 규모의 세트를 만들고 스타 배우를 섭외하는 데 큰돈을 들여야 합니다. 수많은 상영관을 확보해서 영화를 상영하는 데도 어마어마한 비용을 써야 하지요. 그러나 일단 영화가 제작되고 전 세계 스크린에서 영화를 상영한 후에는 들어가는 돈이 줄어듭니다.

규모의 경제가 나타나는 전기와 철도 산업

게다가 영화가 흥행하면 초기 비용을 가뿐히 거두어들일 정도로 큰 이익을 볼 수 있지요. 만들어진 영화 하나를 TV나 넷플릭스 등에 유통하면 이익은 더 많이 늘어납니다. 초기에 드는 많은 비용을 감수한다면 영화 제작사 입장에서는 시간이 흐를수록 추가로 돈을 많이 들이지 않고도 엄청난 수입을 올릴 수 있는 셈입니다.

이처럼 규모가 큰 산업에는 엄청난 초기 비용을 감당할 만큼 덩치가 큰 기업만 뛰어들 수 있습니다. 따라서 철도나 전기, 자동차 산업 등은 나라에서 세운 커다란 기업이나 대기업 등이 운영하는 것이 일반적입니다.

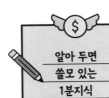
국민소득 삼면등가의 법칙

오늘 내가 쓴 돈은 어디로 흘러갈까?

　여러분이 오늘 하루 동안 쓴 돈을 생각해 봅시다. 그 돈은 어디에서부터 흘러 온 것일까요? 또 여러분의 손을 거쳐 어디로 흘러갈까요? 만약 용돈이라면 부모님이 일해서 벌어들인 월급일 가능성이 크지요. 여러분이 오늘 무엇을 샀는지 돌아보면 이 돈이 어디로 흘러갈지도 짐작할 수 있습니다. 제과점에서 빵을 사거나 좋아하는 가수의 앨범을 샀다면 그 돈은 제빵 회사나 음반 제작사로 흘러 들어갈 것입니다. 개인이 상품을 사면 그 돈은 기업(생산자)으로 갑니다. 기업은 소비자에게 상품을 팔아 벌어들인 돈을 직원과 투자자에게 나눠 줍니다. 이처럼 돈은 돌고 돌며 일정한 흐름으로 순환을 합니다.

　가계가 벌어들이는 돈은 결국 기업의 수익 분배에서 비롯된 것이고, 기업이 벌어들인 돈은 가계의 소비를 통해 들어온 돈입니다. 기업이 노동이나 자본, 토지 등 생산요소를 사서 상품을 만듦으로써 버는 돈을 생산국민소득이라 합니다. 기업은 생산국민소득을 얻으면, 이를 생산에 참여한 사람들에게 나누어 줍니다. 근로자에게는 급여를, 돈을 투자한 사람들에게는 이자를, 토지를 빌려 준 사람에게는 임대료를 나눠 주지요. 이 돈을 제한 나머지는 기업가에게 이윤으로 돌아가기도 합니다. 이처럼 생산활동에 참여한 사람들에게 그 몫을 나누어 주며 생기는 국민소득을 분배국민소득이라 합니다. 근로자, 투자자, 임대인, 기업가는 자신에게 분배된 몫을 가지고 상품을 구입하는 데 씁니다. 개인은 상품을 소비하는 데 돈을 쓰고, 기업은 다음 생산

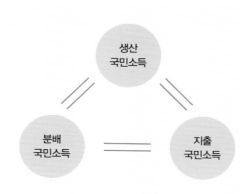

국민소득 삼면등가의 법칙

을 위해 기계와 설비를 사들이거나 새로운 공장을 짓는 등 투자를 하는 데 씁니다. 이는 최종 생산된 상품에 대한 지출로 나타나며 지출국민소득이라 합니다.

위의 이야기를 종합해 보면 '생산국민소득=분배국민소득=지출국민소득'이라는 식이 성립됩니다. 이를 '세 가지 측면으로 파악한 국민소득은 결국 모두 똑같은 값'이라는 의미로 '국민소득 삼면등가三面等價의 법칙'이라 부릅니다. 바닷물이 전 세계 바다를 순환하듯 국민소득 역시 생산과 분배, 지출의 과정을 통해 돌고 도는 과정을 거치기에 국민경제의 순환이라는 흐름이 만들어지고, 국민소득 삼면등가의 법칙이 성립하는 것입니다.

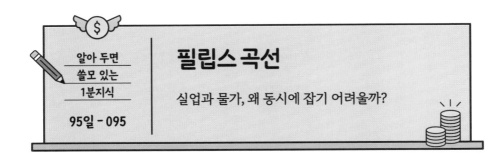

필립스 곡선

실업과 물가, 왜 동시에 잡기 어려울까?

옛 속담에 "두 마리 토끼를 잡으려 한다"는 말이 있습니다. 과도한 욕심을 부리며 무모한 행동을 하는 경우를 빗대어 표현한 속담이지요. 국가경제에도 두 마리 토끼가 존재합니다. 바로 '물가안정'과 '고용안정'입니다. 일자리가 풍부해 실업률 걱정 없이 지내면서 물가까지 안정되기는 쉽지 않고, 둘을 함께 잡으려는 욕심은 부작용을 불러오기 때문입니다.

두 가지를 함께 잡기 힘들다는 사실을 발견한 사람은 영국의 경제학자 윌리엄 필립스William Phillips입니다. 그는 1861~1957년 영국의 실업률과 임금 상승률을 조사했는데, 둘 사이에 반비례(-)의 관계가 있음을 발견했습니다.

실업률이 높은 시기에는 기업의 생산과 투자가 어렵고 일자리가 줄어듭니다. 당연히 임금도 올라가기 어렵지요. 반대로 실업률이 낮은 시기에는 고용과 생산이 활발히 이루어져 임금도 올라갑니다. 필립스의 이론에 따라 후대에 살던 경제학자들이 실업률과 물가상승률 사이의 관계를 반비례 모양의 그래프로 그렸는데 이를 '필립스 곡선Phillips curve'이라 부릅니다.

필립스 곡선은 중요한 메시지를 전합니다. 경기가 나쁠 때는 대체로 물가는 안정되지만 실업률이 높아집니다. 반대로 경기가 과열될 때는 실업률은 낮아지지만 물가가 올라가는 문제가 생깁니다. 물가도 안정되면서 실업률도 낮은, 최상의 시기는 오기 어렵다는 것입니다. 함께 잡기 어려운 두 마리 토끼처럼 '물가상승'와 '실업률' 문

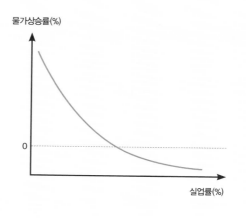

경제학자 필립스(좌)와 1960년대 미국의 실업률과 물가상승률 사이의 관계를 나타낸 필립스 곡선(우)

제를 한꺼번에 해결하기 어렵다는 사실을 필립스 곡선은 보여 줍니다.

정부는 필립스 곡선이 주는 힌트를 바탕으로, 적절히 시장에 개입해서 과도한 물가상승이나 지나친 실업률 상승을 막기 위해 노력합니다.

이렇게 필립스 곡선은 경기안정정책을 펼치는 데 이론적 밑바탕을 제공했지만, 1970년대 이후 선진국에서 필립스 곡선의 법칙이 깨지는 일이 일어났습니다. 불황이 계속되어 실업률이 높은데 물가까지 오르는 현상이 나타난 것입니다. 실업률이 높은데 물가까지 오르는 설상가상의 상황, 스태그플레이션이 온 것이지요.

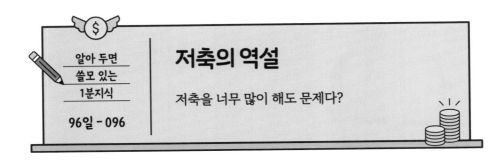

저축의 역설

저축을 너무 많이 해도 문제다?

우리나라 금융위원회에서는 매년 저축을 많이 한 시민을 선정해 '저축왕'으로 시상합니다. 연예인들이 저축왕에 뽑혀 뉴스 기사에 오르기도 하지요. 이처럼 소비를 줄이고 절약해 은행에 저축하는 행위는 경제에 긍정적인 영향을 미칩니다. 은행은 고객들이 예금한 돈을 기업에 빌려 주고, 기업은 이를 바탕으로 투자를 늘립니다. 기업이 생산과 투자를 늘려야 국가경제도 성장할 수 있지요.

사람들이 소비를 줄이고 저축을 늘리는 것은 분명 합리적인 행동입니다. 미래를 대비하려는 노력이니까요. 그런데 나라의 경기가 침체되었을 때에는 과도한 저축이 경제에 좋지 않은 영향을 끼칠 수 있습니다. 국민이 소비 대신 저축에 집중하면 수요가 줄어 기업의 상품이 팔리지 않습니다. 이는 기업의 매출을 줄어들게 하고, 기업은 생산을 줄이면서 고용한 사람들의 숫자를 줄이지요. 고용이 감소하니 버는 돈이 줄어든 사람들은 다시 허리띠를 졸라매고 소비를 줄입니다. 이 때문에 상품의 수요는 또다시 줄어들며 '수요 감소 → 기업의 상품 판매 감소 → 일자리 감소 → 소득 감소 → 수요 감소'로 이어지는 악순환이 이어집니다. 이 과정에서 사회는 경기불황에서 빠져나오기 힘들어집니다. 이처럼 사람들이 소비를 줄이고 절약하는 행동이 국가의 경제활동을 위축시키고 어렵게 만드는 경우를 '저축의 역설paradox of savings'이라고 부릅니다. 저축이나 절약이 합리적 행동임에는 분명하지만 부작용이 발생할 수도 있음을 의미합니다.

저축의 역설을 처음으로 언급한 이는 경제학자 케인스였습니다. 그는 전 세계에 불어닥친 1930년대 대공황이라는 경기 침체 당시 영국인들에게 절약 대신 소비를 하라고 강조했습니다. 시대를 거슬러 올라가 보면 조선 시대 실학자 박제가도 비슷한 주장을 했었습니다. 저축 대신 소비를 권한 그는 "물은 우물과 같다. 우물은 물을 퍼내면 물이 가득 차지만 물을 길어 내지 않으면 말라 버린다"고 이야기합니다. 우물을 퍼내듯 국민이 소비를 많이 해야 상품이 잘 팔리면서 상공업이 발전하고 나라 경제도 살아난다는 이야기입니다. 조선시대에 이미 소비와 상공업의 중요성을 강조하다니, 시대를 앞서간 인물이지요.

실학자 박제가

샤워실의 바보

국가경제의 온도 조절, 왜 실패하기 쉬울까?

한 바보가 샤워실에 들어가 물을 틉니다. 생각보다 뜨거운 물이 나오자 깜짝
놀라 찬물 쪽으로 수도꼭지를 돌립니다. 순신각에 차가운 물을 뒤집어쓴 뒤
바보는 온수 쪽으로 급히 수도꼭지를 돌리고 뜨거운 물에 몸을 뎁니다.

위의 이야기는 한 경제학자가 국가의 경제정책을 비판하며 한 이야기입니다.
20세기의 대표적인 경제학자 밀턴 프리드먼은 경기를 안정시키기 위한 정부의 잘못
된 대처 때문에 경기변동이 더 심각해질 수 있다는 사실을 이와 같은 '샤워실의 바보'
에 비유해 설명했습니다.

경제 대공황이라는 어마어마한 경기침체 이후 각국 정부는 이런 일을 다시는 마
주하지 않기 위해 노력해 왔습니다. 국가는 경제 분야에 손을 놓지 않고 필요할 때에
는 시장에 직접 개입해 왔지요. 이는 찬물과 뜨거운 물 사이에서 물 온도 조절을 하
는 일과 비슷합니다. 경기가 침체될 기미(찬물)가 보이면 시중에 돈을 더 풀거나 금리
를 내려 사람들의 소비와 투자를 돕고, 반대로 경기가 과열될 조짐(따뜻한 물)이 보이면
시중의 돈을 거두어들이거나 금리를 올려 물가가 올라가는 것을 막는 식이었지요.

프리드먼은 이런 정부의 개입을 비판하며 샤워실의 바보 이야기를 꺼냈습니다.
설부른 물 온도 조절 때문에 찬물과 뜨거운 물만 뒤집어쓸 수 있다는 겁니다. 예를
들어 이미 경기가 최악으로 나빠졌다가 이제는 나아질 기미가 시작되었는데, 이를

리처드 닉슨Richard Nixon 대통령, 조지 슐츠George Pratt Shultz 국무장관과 미팅 중인 프리드먼

알아채지 못한 정부와 중앙은행이 뒤늦게 경기를 살리는 정책을 실시합니다. 뜨거운 물이 이미 공급되기 시작했는데, 빨간색 쪽으로 수도꼭지를 돌린 것이지요. 이 때문에 지나치게 뜨거운 물을 뒤집어쓰듯, 물가가 지나치게 오르는 부작용이 발생합니다. 이처럼 경제정책은 시행 후에 나타날 효과를 미리 정확하게 예측하기 어렵습니다. 이뿐만 아니라 경기가 좋아지는 것인지 나빠지는 것인지 확실히 알기까지 시간이 걸립니다. 즉 정부의 잘못된 경기안정화정책 때문에 오히려 경제가 더 어려워질 수 있다는 것입니다.

프리드먼의 이야기는 중요한 메시지를 전합니다. 샤워실에서 조심스럽게 적당한 온도를 찾아가듯 정부도 시장에 개입할 때 극도로 조심해야 하며, 되도록 개입을 많이 하지 말고 최소한으로 줄여 가야 한다는 사실입니다.

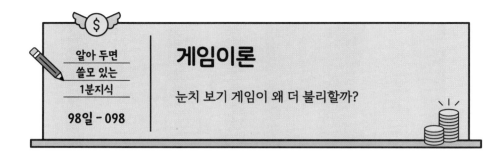

알아 두면
쓸모 있는
1분지식

98일 - 098

$

게임이론

눈치 보기 게임이 왜 더 불리할까?

강도 사건의 용의자로 오수와 미수가 체포되었습니다. 범죄행위로 보면 징역 1년이 예상되지만 더 큰 형벌을 받을 만한 추가 범죄가 있을 것이라고 의심하고 있습니다. 이를 밝히기 위해서는 용의자들의 자백이 필요합니다. 과연 어떻게 자백을 이끌어 낼 수 있을까요?

미국의 천재 수학자였던 존 내시John Nash는 위와 같은 상황에서 공범이 자백하도록 만드는 방법을 생각해 냈습니다. 먼저 오수와 미수 둘을 각기 다른 방에 가두고 다음 제안을 하는 것이지요.

"우리는 너를 1년간 감옥에 보낼 수 있다. 네가 먼저 추가 자백하면 너는 수사에 협조했으니 풀려날 수 있다. 그러면 네 친구는 혼자 10년 형을 받는다. 그렇지만 너희 둘 모두 자백을 한다면 둘 다 5년씩 감옥에 있게 된다."

만약 여러분이 오수와 미수라면 어떤 선택을 하게 될까요? 이 둘은 고민에 빠지게 됩니다. 오수는 '미수가 만약 먼저 자백하면 나만 10년을 감옥에서 보내야 하나?'란 생각이 듭니다. 미수 역시 같은 고민에 빠졌습니다. 결국 상대가 자백할지, 침묵할지 알 수 없는 상황에서 고민하다 오수와 미수는 모두 자백을 하고 맙니다. 둘 다 끝까지 침묵했더라면 1년 형을 받고 끝났을 텐데, 각자 자신의 방에 갇혀 있으니 협조 관계를 유지하기도, 가장 유리한 전략을 선택하기도 어려웠기 때문이지요.

이처럼 오수와 미수는 각자 자신의 이익을 위해 최선을 다하지만, 서로 협력할 수 없는 상황이기에 결국 자신에게 불리한 선택을 하게 됩니다. 이러한 상황을 죄수의 딜레마라는 이름으로 부릅니다. '죄수의 딜레마'는 게임이론이라는 의사결정 이론의 대표적인 예시입니다. 게임이론은 경쟁 상황에서 상대방의 결정이 나에게도 영향을 미칠 때 최선의 선택이 무엇인지 의사결정 과정을 살펴보는 이론입니다. 어떤 행동을 취하기 전에 상대가 어떻게 대응할지 미리 생각해야 하는 상황을 다룬 이론이지요. 과점기업의 전략이나 국가 간 경제 전략에도 상대방의 선택에 따라 보상이나 결과가 달라지기에 이 게임이론을 적용할 수 있습니다.

존 내시의 생애를 다룬 영화 〈뷰티풀 마인드〉 포스터

한계효용체감의 법칙

좋아하는 음식은 계속 먹어도 안 질릴까?

세상에서 가장 맛있는 라면 중 하나는 '얻어먹는 라면'일 것입니다. 옆에서 누군가 끓여 먹는 라면을 한 입만 얻어먹을 때 그렇게 맛있을 수 없습니다. 내친 김에 라면을 끓여 먹지만, 한 입만큼의 감동을 느끼기 어렵습니다. 물론 맛있기는 하지만 첫 한 입만큼의 맛을 느끼지는 못합니다.

왜 그럴까요? 이러한 현상을 경제학에서는 한계효용체감의 법칙으로 설명합니다. 여기서 한계란 '한계limit'의 뜻이 아니라 '추가적인marginal'이라는 뜻입니다. 즉 한 입, 한 그릇 등 추가로 소비하는 음식이나 물건 1단위를 말합니다. 효용은 사람들이 소비 생활에서 얻는 주관적 만족도를 수치로 표현하는 개념입니다. 물론 같은 재화를 소비하더라도 사람의 취향에 따라 효용은 다릅니다.

한계효용이란 마지막으로 추가된 1단위의 소비량에 소비자가 느낀 만족감을 말합니다. 얻어먹은 첫 한 입의 만족도를 100이라고 한다면, 그다음 라면을 끓여 먹고 느낀 만족도는 그것보다 줄어듭니다. 이를 70이라고 해보지요. 두 번째 끓여 먹은 라면의 만족도는 그보다 더 줄어들어 30이라고 해봅시다. 세 번째 라면은 아예 먹다가 배가 너무 불러서 만족도가 -10을 기록했습니다.

이제 이 사람이 라면을 먹으며 느낀 만족감을 모두 더하면 총합은 190{100+70+30+(-10)}이 됩니다. 만족감의 총합이 늘어나긴 했지만 라면 한 그릇, 한 그릇이 주는 순간적인 만족감은 100, 70, 30, -10으로 점차 줄었음을 알 수 있습니다. 급

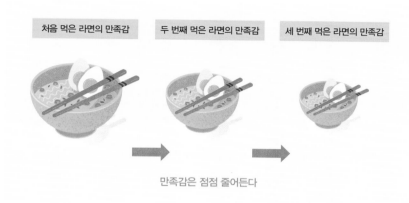

만족감은 점점 줄어든다

한계효용체감의 법칙

기야 마지막 라면이 주는 만족감은 -10이 되어 버려 앞에서 쌓은 만족감의 총합을 깎아 먹기에 이릅니다. 그렇다면 라면을 몇 그릇 먹는 것이 최선의 선택이었을까요? 차라리 라면 두 그릇째에서 소비를 멈췄다면 만족감은 200으로 최대였겠지요.

이처럼 한 재화의 소비량이 일정한 단위를 넘어서면 그 추가적인 만족감이 줄어드는 것을 '한계효용체감의 법칙'이라고 합니다. 갖고 싶었던 물건을 손에 넣으면, 그날은 즐겁고 신이 나지만 하루, 일주일, 한 달이 지나고 나면 만족감과 행복이 줄어듭니다. 처음으로 해외여행을 가거나 놀이동산에 가면 신기하고 재미있지만, 그 역시 여러 번 반복되면 추가로 느끼는 만족도가 떨어지지요. 모두 한계효용체감의 법칙이 적용되는 사례입니다.

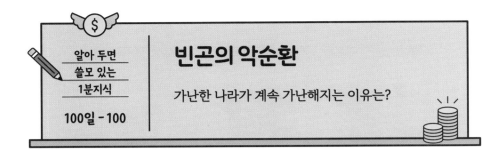

빈곤의 악순환

가난한 나라가 계속 가난해지는 이유는?

다이아몬드와 금, 티타늄 등 천연자원이 풍부하고 세계 인구의 15%가량이 거주하는 아프리카 대륙. 주어진 자원은 넘치지만 이 지역에 사는 사람들 대부분은 가난을 벗어나지 못하고 있습니다. 세계빈곤시계에 따르면 아프리카 대륙, 특히 사하라사막 이남 지역의 나라들은 세계에서 높은 극빈층 비율을 보입니다.

그 나라들을 돕기 위해 지난 수십 년간 아프리카에 1조 달러 이상의 경제 원조가 이루어졌습니다. 그럼에도 아프리카는 몇 십 년간 가난에서 벗어나지 못했지요. 그 이유는 무엇 때문일까요?

미국의 경제학자 라그나르 넉시Ragnar Nurkse는 가난한 나라가 빈곤을 벗어나지 못하는 이유를 설명하기 위해 빈곤의 악순환이라는 개념을 내놓았습니다. '빈곤의 악순환'은 후진국이나 저개발국이 성장에 투자할 자본이 부족해서 가난해지고, 가난 때문에 또다시 자본이 만들어지지 않아 빈곤에서 벗어나지 못한다는 것입니다.

그는 빈곤이 되풀이되는 과정을 몇 가지로 나누어 설명했습니다. 먼저 저개발국가는 자본이 부족하다 보니 생산능력이 떨어져서 소득이 적고, 소득이 적다 보니 국민이 저축할 만한 돈도, 충분히 소비할 돈도 부족합니다. 이뿐만 아니라 국민의 영양상태와 건강이 좋지 않다 보니 빈곤이 다시 이어집니다. 교육 문제에서도 마찬가지입니다. 저개발국가에서는 아이들을 제대로 교육할 만한 여력이 부족한 경우가 많습니다. 교육을 받지 못한 아이들은 또다시 생산성이 낮거나 형편없는 임금을 받으며

빈곤의 악순환을 끊기 위해서는 저개발국에서 이루어지는 교육이 중요하다.

일을 해야 하는 경우가 많지요. 이런 과정을 거치면서 빈곤이 되풀이되는 것이지요.

그렇다면 저개발국이 악순환의 고리를 끊으려면 어떤 방법을 써야 할까요? 넉시는 이를 위해서 국가가 모든 산업에 골고루 투자해야 한다고 주장했습니다. 전 산업 부문에 투자해야 새로운 시장이 생기고 빈곤에서 벗어날 수 있다는 이야기지요. 이와 반대의 의견을 제시한 학자도 있었는데, 터널효과를 이야기한 앨버트 허쉬먼입니다. 그는 빈곤한 국가는 모든 산업 부문에 충분히 투자를 할 만한 자본이 부족하기 때문에 한두 개의 산업이나 대기업에 중점적으로 투자하고 이를 토대로 경제발전을 이루어야 한다고 주장했습니다. 실제 우리나라는 대기업과 시대별로 산업을 선정해 이를 위주로 경제발전을 실시했고 그 결과 개발도상국에서 벗어났습니다.

코로나19와 마스크의 경제학
_상품의 탄력성이 사회에 미치는 영향

2020년, 가장 크게 화제가 된 상품은 무엇이었을까? 바로 마스크다. 코로나19가 널리 퍼지기 시작하자, 약국에서 마스크를 찾아보기 어려워졌다. 코로나19 감염을 예방하기 위해 많은 이가 마스크를 찾았지만 시장에 나온 상품이 턱없이 부족했기 때문이다. 가격이 오르자 마스크 생산업체는 부랴부랴 생산량을 늘리기 시작했다. 2020년 1월 말 659만 장 정도였던 일일 마스크 생산량이 2월 중순에는 1223만 장까지 늘어났지만 수요를 감당하기에는 여전히 부족했다. 그로 인해 코로나19 이전 500원 이하에서 거래되던 미세먼지 마스크가 2020년 2월에는 개당 3,000원, 4,000원 이상에 팔렸다. 그럼에도 소비자는 마스크 구입을 멈출 수 없었다. 이제 마스크는 전염병 예방에 필수품이 되었기 때문이다. 필수품은 가격이 아무리 올라도 수요량이 크게 변하지 않는 상품이다. 쌀이나 휴지처럼 마스크도 수요의 가격탄력성이 작은 필수품이 된 것이다.

더욱이 마스크 생산업체도 빠르게 생산량을 늘릴 수 없었다. 짧은 시간에 생산량을 엄청나게 늘릴 수 있을 만큼 생산 시설이나 설비가 충분하지 않았기 때문이다. 즉 마스크는 공급의 가격탄력성 역시 작은 상품이 되었다.

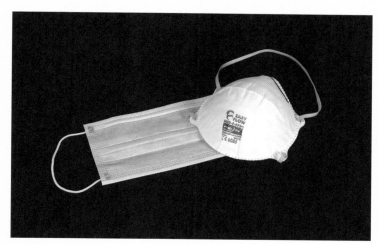
코로나19로 인해 마스크는 수요의 가격탄력성이 낮은 재화가 되었다.

수요와 공급이 모두 비탄력적이면 마스크를 사려는 사람이 조금만 늘어도 가격이 치솟기 쉽다.

이 문제를 해결하기 위해 정부가 발 벗고 나섰다. 마스크 5부제로 수요를 먼저 안정시키고 공급량을 늘리는 방향을 찾았다. 시간이 지나자 점차 마스크 생산 공장이 늘어나면서 이에 따라 공급량도 충분히 늘어났고, 마스크 가격도 안정되기 시작했다. 정부의 마스크 5부제도 두 달 정도 시행되다가 끝났다. 코로나19 이후 마스크를 두고 벌어진 일도 수요·공급의 가격탄력성과 깊은 관련이 있다.

왜 산유국들은 석유 생산량을
쉽게 낮추지 못할까?
_산유국이 처한 죄수의 딜레마

2020년 4월, 유가(석유가격) 전쟁이 일어났다. 석유를 생산하는 나라 중 규모가 큰 국가인 러시아와 사우디아라비아가 생산량을 줄이는 데 합의하지 못했기 때문이다. 산유국의 입장에서는 당연히 유가가 올라가야 이득이다. 그런데 어떻게 유가를 올릴 수 있을까? 산유국들이 모여 모두 석유 생산량을 줄이기로 합의하면 가능하다. 석유 생산량이 줄어들면 석유가 귀해지니 가격이 오를 것이고, 이것이 산유국 전체에게는 이득이다. 얼핏 생각하면 간단한 일로 느껴진다.

그러나 실제 속사정을 들여다보면 그리 쉬운 일이 아니다. 생산량 합의를 앞둔 산유국들은 죄수의 딜레마를 마주하기 때문이다. 예를 들어 러시아 입장에서 생각해 보자. 사우디아라비아가 생산량을 줄일 때 러시아가 혼자 생산량을 줄이지 않는다면 어떻게 될까? 러시아 혼자 오른 가격으로 과거의 물량만큼 석유를 팔 수 있으니 이득이다. 반대로 러시아 혼자 생산량을 줄인다면 자신은 석유를 예전보다 많이 팔지 못하고, 심지어 낮은 값으로 석유를 팔아야 한다.

결국 산유국은 다른 나라가 어떻게 하든지 석유 생산량을 줄이지 않는 편이 최선인 상황에 처한다. 이런 상황은 모든 산유국이 처한 딜레마다.

유가 전쟁 당시 러시아와 사우디아라비아를 비롯한 산유국들이 생산량을 줄이

석유 생산량의 증가로 유가가 하락하는 이미지

기로 합의하지 못해 2019년 약 70달러 가까이 하던 가격은 결국 2020년 4월 20달러 아래까지 곤두박질쳤다. 결국 사우디아라비아와 러시아 등 주요 산유국이 마지막에 극적으로 생산량을 줄이기로 합의하면서 유가가 다시 오르기는 했지만 석유 가격은 다른 산유국들과의 관계 속에서 정해지기 때문에 조절이 여전히 쉽지 않다.

산유국들의 처지는 죄수의 딜레마가 세계경제에 어떤 영향을 미치는지 잘 보여준다. 미국, 러시아, 사우디아라비아 등 산유국들은 다른 석유 생산 국가들이 석유 생산량을 어떻게 할지에 관심을 기울이며 살펴본다. 상대방의 결정이 자신들의 이익에 큰 영향을 미치기 때문이다.

돈이 많을수록 행복할까?
_돈과 행복 사이 한계효용체감의 법칙

"10억 주면 1년 정도 교도소에 다녀오겠습니까?"란 질문에 당신이라면 뭐라고 답하겠는가. 2018년 법률소비자연맹이 '법의 날'을 맞아 3656명의 대학생을 대상으로 조사를 한 결과 51%가 '그렇게 하겠다'고 답해서 화제가 되었다. 그만큼 자본주의 사회에서 돈은 상위의 가치를 차지한다고 볼 수 있다.

돈이 많으면 좋은 집에 살 수 있고, 병원에 가도 걱정이 적으며, 더 좋은 옷과 음식을 즐길 수 있다. 그렇다면 돈이 많을수록 우리는 행복해질까? '네', '아니오'라고 쉽게 대답하기 어려운 문제다. 이 어려운 질문에 답하기 위해 노벨 경제학상 수상자인 앵거스 디턴Angus Stewart Deaton은 2010년 '돈과 행복의 상관관계'를 연구한 적이 있다. 그는 미국 전역에서 45만 명을 대상으로 설문조사를 하고 소득과 삶의 행복도 사이에 어떤 관계가 있는지 조사했다. 이에 따르면 일반적인 생각대로 소득이 높아질수록 삶에 대한 만족도가 높아진다는 결과가 나왔다. 연봉이 2,000만 원일 때보다 3,000만 원일 때, 3,000만 원보다 4,000만 원일 때 돈의 액수와 비례해 행복감도 높아졌다. 그러나 행복감의 증가는 대체로 연봉 7만 5,000달러(한국 돈으로 9,065만 원) 정도가 되자 멈추었다. 그 이후로는 더 이상 행복감이 높아지지 않는다는 것이다.

우리나라에서 이루어진 연구 결과도 비슷했다. 2016년 국내 최초로 소득과 삶의 만족도 관계를 분석한 연구 결과, 한국 1인 가구의 경우 연간 소득 약 8,800만 원까지는 삶의 만족도가 증가했지만 이 수준을 넘어서면 돈을 많이 번다고 해서 만족감이 더 이상 증가하지 않는 것으로 나타났다.

소득이 많아질수록 삶의 만족도 또한 올라가지만 일정 수준을 넘어서면 더 이상 증가하지 않는다.

이런 연구 결과는 소득과 행복의 관계에도 한계효용체감의 법칙이 적용됨을 알려 준다. 즉 소득이 낮은 상태에서 돈을 더 벌게 되면 처음에는 주관적인 만족도가 급격히 올라간다. 예를 들어 수입이 하나도 없던 가난한 사람이 100만 원을 벌면 의식주를 해결할 수 있게 되니 추가되는 만족감이 크다. 그렇지만 원래 수입이 1억 원인 사람이 100만 원을 더 벌어 소득이 1억 100만 원이 되면, 소득이 0원에서 100만 원으로 올라간 사람보다 추가적인 만족도가 작다.

왜 이런 일이 벌어지는 것일까? 사람은 어느 수준까지는 소득이 높아질수록 기본적인 생활 욕구를 채울 수 있기에 더 큰 행복감을 느낀다. 그러나 어느 정도 안정적인 소득을 얻게 되면 그 후로는 행복이 돈 이외의 다른 요소, 이를테면 사회적 지위나 명예 등 새로운 요소에 영향을 받을 확률이 높아진다. 디턴의 연구는 우리가 어떤 방식으로 행복을 추구해야 할지 생각할 거리를 던져 준다.

1일 1단어 1분으로 끝내는 경제공부

초판 1쇄 발행 2021년 11월 29일
초판 9쇄 발행 2024년 12월 20일

지은이 태지원
펴낸이 김종길 **펴낸 곳** 글담출판사 **브랜드** 글담출판

기획편집 이경숙 · 김보라 **영업** 성홍진
디자인 손소정 **마케팅** 김지수 **관리** 이현정

출판등록 1998년 12월 30일 제2013-000314호
주소 (04029) 서울시 마포구 월드컵로8길 41 (서교동 483-9)
전화 (02) 998-7030 **팩스** (02) 998-7924
블로그 blog.naver.com/geuldam4u **이메일** geuldam4u@naver.com

ISBN 979-11-91309-16-4 (44320)
      979-11-91309-15-7 (세트)

일러두기
이 책에 사용된 이미지 중 저작권 허락을 받지 못한 작품에 대해서는 저작권자가 확인되는 대로
계약을 맺고 그에 따른 비용을 지불할 예정입니다.

만든 사람들 ─────────────
책임편집 이경숙 **디자인** 엄재선 **교정교열** 신혜진

글담출판에서는 참신한 발상, 따뜻한 시선을 가진 원고를 기다리고 있습니다. 원고는 글담출
판 블로그와 이메일을 이용해 보내주세요. 여러분의 소중한 경험과 지식을 나누세요.